海上絲綢之路基本文獻叢書

南海百詠
瀛海論

〔宋〕方信孺 撰／〔清〕張自牧 撰

文物出版社

圖書在版編目（CIP）數據

南海百詠 / （宋）方信孺撰．瀛海論 / （清）張自牧撰．-- 北京 : 文物出版社，2022.6
（海上絲綢之路基本文獻叢書）
ISBN 978-7-5010-7527-0

Ⅰ．①南… ②瀛… Ⅱ．①方… ②張… Ⅲ．①地理志－廣州－南宋②歷史地理－世界 Ⅳ．①K296.51 ②K916

中國版本圖書館 CIP 數據核字（2022）第 067218 號

海上絲綢之路基本文獻叢書

南海百詠·瀛海論

著　　者：〔宋〕方信孺　〔清〕張自牧
策　　划：盛世博閲（北京）文化有限責任公司

封面設計：鞏榮彪
責任編輯：劉永海
責任印製：張　麗

出版發行：文物出版社
社　　址：北京市東城區東直門内北小街 2 號樓
郵　　編：100007
網　　址：http://www.wenwu.com
郵　　箱：web@wenwu.com
經　　銷：新華書店
印　　刷：北京旺都印務有限公司
開　　本：787mm×1092mm　1/16
印　　張：13.25
版　　次：2022 年 6 月第 1 版
印　　次：2022 年 6 月第 1 次印刷
書　　號：ISBN 978-7-5010-7527-0
定　　價：92.00 圓

總緒

海上絲綢之路，一般意義上是指從秦漢至鴉片戰爭前中國與世界進行政治、經濟、文化交流的海上通道，主要分爲經由黄海、東海的海路最終抵達日本列島及朝鮮半島的東海航綫和以徐聞、合浦、廣州、泉州爲起點通往東南亞及印度洋地區的南海航綫。

在中國古代文獻中，最早、最詳細記載『海上絲綢之路』航綫的是東漢班固的《漢書·地理志》，詳細記載了西漢黄門譯長率領應募者入海『齎黄金雜繒而往』之事，書中所出現的地理記載與東南亞地區相關，并與實際的地理狀况基本相符。

東漢後，中國進入魏晉南北朝長達三百多年的分裂割據時期，絲路上的交往也走向低谷。這一時期的絲路交往，以法顯的西行最爲著名。法顯作爲從陸路西行到印度，再由海路回國的第一人，根據親身經歷所寫的《佛國記》（又稱《法顯傳》）一書，詳細介紹了古代中亞和印度、巴基斯坦、斯里蘭卡等地的歷史及風土人情，是瞭解和研究海陸絲綢之路的珍貴歷史資料。

隨着隋唐的統一，中國經濟重心的南移，中國與西方交通以海路爲主，海上絲綢之路進入大發展時期。廣州成爲唐朝最大的海外貿易中心，朝廷設立市舶司，專門管理海外貿易。唐代著名的地理學家賈耽（七三〇～八〇五年）的《皇華四達記》記載了從廣州通往阿拉伯地區的海上交通『廣州通夷道』，詳述了從廣州港出發，經越南、馬來半島、蘇門答臘半島至印度、錫蘭，直至波斯灣沿岸各國的航綫及沿途地區的方位、名稱、島礁、山川、民俗等。譯經大師義净西行求法，將沿途見聞寫成著作《大唐西域求法高僧傳》，詳細記載了海上絲綢之路的發展變化，是我們瞭解絲綢之路不可多得的第一手資料。

宋代的造船技術和航海技術顯著提高，指南針廣泛應用於航海，中國商船的遠航能力大大提升。北宋徐兢的《宣和奉使高麗圖經》詳細記述了船舶製造、海洋地理和往來航綫，是研究宋代海外交通史、中朝友好關係史、中朝經濟文化交流史的重要文獻。南宋趙汝適《諸蕃志》記載，南海有五十三個國家和地區與南宋通商貿易，形成了通往日本、高麗、東南亞、印度、波斯、阿拉伯等地的『海上絲綢之路』。宋代爲了加强商貿往來，於北宋神宗元豐三年（一〇八〇年）頒佈了中國歷史上第一部海洋貿易管理條例《廣州市舶條法》，并稱爲宋代貿易管理的制度範本。

元朝在經濟上採用重商主義政策，鼓勵海外貿易，中國與歐洲的聯繫與交往非常頻繁，其中馬可·波羅、伊本·白圖泰等歐洲旅行家來到中國，留下了大量的旅行記，記録元代海上絲綢之路的盛況。元代的汪大淵兩次出海，撰寫出《島夷志略》一書，記録了二百多個國名和地名，其中不少首次見於中國著録，涉及的地理範圍東至菲律賓群島，西至非洲。這些都反映了元朝時中西經濟文化交流的豐富内容。

明、清政府先後多次實施海禁政策，海上絲綢之路的貿易逐漸衰落。但是從明永樂三年至明宣德八年的二十八年裏，鄭和率船隊七下西洋，先後到達的國家多達三十多個，在進行經貿交流的同時，也極大地促進了中外文化的交流，這些都詳見於《西洋蕃國志》《星槎勝覽》《瀛涯勝覽》等典籍中。

關於海上絲綢之路的文獻記述，除上述官員、學者、求法或傳教高僧以及旅行者的著作外，自《漢書》之後，歷代正史大都列有《地理志》《四夷傳》《西域傳》《外國傳》《蠻夷傳》《屬國傳》等篇章，加上唐宋以來衆多的典制類文獻、地方史志文獻，集中反映了歷代王朝對於周邊部族、政權以及西方世界的認識，都是關於海上絲綢之路的原始史料性文獻。

海上絲綢之路概念的形成，經歷了一個演變的過程。十九世紀七十年代德國地理學家費迪南・馮・李希霍芬（Ferdinad Von Richthofen，一八三三～一九〇五），在其《中國：親身旅行和研究成果》第三卷中首次把輸出中國絲綢的東西陸路稱爲『絲綢之路』。有『歐洲漢學泰斗』之稱的法國漢學家沙畹（Édouard Chavannes，一八六五～一九一八），在其一九〇三年著作的《西突厥史料》中提出『絲路有海陸兩道』，蘊涵了海上絲綢之路最初提法。迄今發現最早正式提出『海上絲綢之路』一詞的是日本考古學家三杉隆敏，他在一九六七年出版《中國瓷器之旅：探索海上的絲綢之路》中首次使用『海上絲綢之路』一詞；一九七九年三杉隆敏又出版了《海上絲綢之路》一書，其立意和出發點局限在東西方之間的陶瓷貿易與交流史。

二十世紀八十年代以來，在海外交通史研究中，『海上絲綢之路』一詞逐漸成爲中外學術界廣泛接受的概念。根據姚楠等人研究，饒宗頤先生是華人中最早提出『海上絲綢之路』的人，他的《海道之絲路與昆侖舶》正式提出『海上絲路』的稱謂。選堂先生評價海上絲綢之路是外交、貿易和文化交流作用的通道。此後，大陸學者馮蔚然在一九七八年編寫的《航運史話》中，使用『海上絲綢之路』一詞，這是迄今學界查到的中國大陸最早使用『海上絲綢之路』的人，更多地限於航海活動領域的考察。一九八〇年北京大學陳炎教授提出『海上絲綢之路』研究，并於一九八一年發表《略論海上絲綢之路》一文。他對海上絲綢之路的理解超越以往，且帶有濃厚的愛國主義思想。陳炎教授之後，從事研究海上絲綢之路的學者越來越多，尤其沿海港口城市向聯合國申請海上絲綢之路非物質文化遺産活動，將海上絲綢之路研究推向新高潮。另外，國家把建設『絲綢之路經濟帶』和『二十一世紀海上絲綢之路』作爲對外發展方針，將這一學術課題提升爲國家願景的高度，使海上絲綢之路形成超越學術進入政經層面的熱潮。

與海上絲綢之路學的萬千氣象相對應，海上絲綢之路文獻的整理工作仍顯滯後，遠遠跟不上突飛猛進的研究進展。二〇一八年厦門大學、中山大學等單位聯合發起『海上絲綢之路文獻集成』專案，尚在醖釀當中。我們不揣淺陋，深入調查，廣泛搜集，將有關海上絲綢之路的原始史料文獻和研究文獻，分爲風俗物産、雜史筆記、海防海事、典章檔案等六個類别，彙編成《海上絲綢之路歷史文化叢書》，於二〇二〇年影印出版。此輯面市以來，深受各大圖書館及相關研究者好評。爲讓更多的讀者親近古籍文獻，我們遴選出前編中的菁華，彙編成《海上絲綢之路基本文獻叢書》，以單行本影印出版，以饗讀者，以期爲讀者展現出一幅幅中外經濟文化交流的精美畫卷，爲海上絲綢之路的研究提供歷史借鑒，爲『二十一世紀海上絲綢之路』倡議構想的實踐做好歷史的詮釋和注脚，從而達到『以史爲鑒』『古爲今用』的目的。

凡例

一、本編注重史料的珍稀性，從《海上絲綢之路歷史文化叢書》中遴選出菁華，擬出版百册單行本。

二、本編所選之文獻，其編纂的年代下限至一九四九年。

三、本編排序無嚴格定式，所選之文獻篇幅以二百餘頁爲宜，以便讀者閱讀使用。

四、本編所選文獻，每種前皆注明版本、著者。

五、本編文獻皆爲影印，原始文本掃描之後經過修復處理，仍存原式，少數文獻由於原始底本欠佳，略有模糊之處，不影響閱讀使用。

六、本編原始底本非一時一地之出版物，原書裝幀、開本多有不同，本書彙編之後，統一爲十六開右翻本。

目録

南海百詠

南海百詠

一卷

〔宋〕方信孺　撰

清抄本

南海百咏序

境以詩名、在〻皆詩也、境之近遠、則東日下西王母、南北户、北觚竹、不足以喻其根岸、而南海百咏又特其境之寓者耳、詩境方君、來尉香山、剣苔剔蘚、訪秦漢以來數百年莽蒼之跡、可致者百、而綴以詩、可見胸中之磊落、使其乘飛廉、憑豊隆、翱翔乎氛埃之上登崑崙絕頂、凌閶闔、扣玉壺、憩嚳乎扶桑之根、以觀日之所出、方壺員嶠、橫陳浩蕩長麗喬皇、絡其來御、下視齊州、不啻紅塵九點、則境中之詩、又可勝既耶

莆田葉孝錫、於是特書其百篇之首、時
今上躬耕籍田之明年、三月既望

南海百咏目錄

筆授軒　菩提樹
任囂墓　淨慧寺千佛塔
衆妙堂　劉氏銅像
劉氏雙闕　番塔
海山樓　越井岡
越臺井　西竺山廣果寺
東七寺　西七寺
南七寺　北七寺
浮丘山　珊瑚井

鮑姑井

趙陀疑塚

虎跑泉

白雲洞

鶴舒臺

虎頭岩

卓錫泉

靈山

琵琶洲

懸鐘

寶象峯勝因寺

動石

三教殿

大小水簾洞

景泰山七仙寺

順庵

馬鞍山

相對岡

南海百詠目錄終

南海百咏

番禺漫郡莆田方信孺孚若譔

番山

番禺二山也（山海經作賁禺）今在州學之後者政爾一𡋯磐石有亭榜以番山而禺山則漫不可考按番禺志云番山在北禺山在南國初前攝南海簿鄭熊所作番禺雜志云番山在城中東北隅禺山在南二百許步兩山舊相聯屬劉龑鑿平之（龑魚檢切又丁篋古田二切劉氏所謂高祖始霸南越者也龑字乃其自撰）就番

積石為朝元洞後更名為清虛洞而以沉香為臺觀於禺之上至圖經則謂番山在今府學後禺山在清海軍樓雉堞下是番在南而禺在北矣又元祐間林斐作番山樓記亦謂番山在通判南廳之後禺山在州廨治事廳之東紹聖間章楶作移學記亦以為學在番山之前是皆與今說同然番禺志古書也然為潘美客當時猶親見亭觀之舊宜以此二說為正況漕司貢院之東有神祠至今尚以

清虚洞為樓、故老亦以名其地雖番山所在
或在治事廳東、或清海軍樓下、皆未可知而
州學後者禺山無疑矣
城根片石久模糊圖記應須考國初欲識番山真面
目、至今東北號清虛

禺山

禺山何事作番山、空有陂陁跡已漫今日升堂聽絲
竹況香不見舊欄杆

任囂城

番禺雜志云、在今城東二百步小城也、始置所理、後呼東城今為鹽倉、即舊番禺縣也、以今攷之、東城即其地、熙寧間、呂居簡為帥因其遺址而築之、見於郟亶之記、圖經乃以子城為古之東城、且引番禺志以為任囂所理、殊不知番禺縣、國初時尚在今城東之赤泥巷、所以番禺雜志謂今番禺為舊縣也、若以子城為是、則安有舊縣在其中乎、沈懷遠南越志云、尉任囂疾篤、知己子不肖、不堪付以後事、遂召龍川令趙陀謂之曰、秦室喪亂、未有真主、吾觀天文、五星聚於東井、知南越偏覇之象、故召陀授以權柄云、按任囂於秦末時為南海郡尉

五星自是漢家符忍死任囂亦太愚今日朝臺猶百尺荒城不記舊規模

三城

子城與東西二城也、子城乃慶曆四年、魏公瓘以得古磚有委於鬼工之字遂築之後儂智高來寇、望城堅、不得逞而去、東城乃熙寧

初呂居簡所請轉運使王靖所築西城則程
師孟經始於熙寧四年
三城不斷鬱相望千里長江勢渺茫蠻獠傳聞亦膽
破從知嶺外有金湯

清海軍樓

元符二年柯公述所創折公彥質重建於紹
興二十年近歲又一再作新矣
睥睨旁圍百尺樓翬飛縹緲接雲浮鯨波不動海山
碧彈壓東南十四州

五仙觀

在郡治西其先有五仙人各執穀穗一莖六出乘羊而至衣與羊各異色如五方既遺穗與州人忽騰空而去羊化為石州人因其地為祠石今尚存或云吳滕脩時或云趙陀時或云郭璞遷城時俱未詳

蹁躚天上五仙人羊駕何年到海濱晉漢相傳半無有觀中遺石自輪囷

廣平堂

宋廣平都督廣州、越俗始知棟宇、張燕公嘗
為遺愛碑頌

撤茅易瓦利無窮、盡種甘棠比召公大手斷碑何處
覓、典型猶見此堂中、

石屏堂

在郡宅西、蔣公之奇所建、其下有池百餘步
列石甚富、劉氏所謂明月峡玉液池是也、南
北舊有含珠亭、紫雲閣、每歲端午、令宫人競
渡其間

月峽旁通玉液池、緣舟爭勝出宮闈、荒臺今日人相問、野草無言日自西、

十賢祠

在郡治之城上、前太守常川吳隱之、來琛李尚隱盧渙、李勉孔戣盧鈞蕭昉、為八賢、蔣顥叔復以滕修、王綝、益之、為十賢、祠自作序贊列名刻石、別有八賢祠、蓋潘美、向敏中余靖魏瓘、邵曄、陳世卿、陳從易、張頡也、乃連帥周自強所立、

晋唐相望已千年、香火如今数十賢、不見古人空再拜、祠堂西去有貪泉

鐵柱

野史云、張、鑄鐵柱十二、築乾和殿、今府之治事廳尚植其四、柯公述所致也、二者猶見於相安亭壕水中、餘不知所在

崔嵬十二峙乾和、五柱何如馬伏波敗塹頹垣今日見、想、會荆棘漢銅駝

藥洲

在子城之西趾漕臺之北界、舊居水中、積石如林、今西偏堙塞、水尚瀦其東、幾百餘丈、宛城而匯於海、綠淨如染圖經、云僞劉聚方士習丹鼎之地、南征録亦謂是時有方士投丸藥於其中、所以水色立變、藥洲圖序、乃以爲葛稚川嘗煉丹於此、非也

沙丘遺奥茂陵空何物能成九轉功地下劉郎猶有媿駕言聊作葛仙翁

九曜石

在藥洲水中圖經云石太湖舊産也本偽劉
時有富民負罪者每運寘此以自贖遂成勝
景云

九峰參立倚空明好事傳聞應列星運石早知能贖
罪上書何必待緹縈

越樓

樓在闤闠中輪囷為一郡之壯觀昔名共樂
樓程師孟有詩

真珠市擁碧扶欄十萬人家着眼看獨恨登臨最高

處、擧頭猶不見長安

南壕

在共樂樓下、限以閘門、與潮上下、蓋古西澳也、景德中高紳所闢、維舟於是者、無風波恐民常歌之、其後開塞不常

經營猶記舊歌謠、来往舟人趁海潮、風物眼前何所似、揚州二十四紅橋

法性寺

劉氏時為乾亨寺、後復舊名、今為報恩光孝

寺、乃南越趙建德之宅、虞翻之園囿也、相傳
六祖祝髮於此、圖經云、本乾明法性二寺、後
併為一、又云、院有訶子取西廊羅漢院井水
煎湯、頗能療疾、如此、則又有羅漢之名、當不
止乾明法性二寺也

金碧参差兜率天、曾煎訶子試新泉、荒園廢宅無人
問、門外桃花却是禪

風幡堂

碓頭一語便投機、若說風幡是落邉、今日堂中容百

衆不知那箇可傳衣

筆授軒

卞山老人作記云昔制止鉢剌密諦彌伽釋迦對譯楞嚴經於此唐相國房融筆授之後蔣穎叔以筆授名其軒有石硯乃祁寮得於張季方家至今尚存軒今在光孝寺中蓋鄭林向公子謹所復且有雲龕李公邴書牓及畫相國胡僧刻之於石

制止遺蹤底處尋相傳筆授此叢林毗盧四萬八千

叅正要墨池如許深

菩提樹

菩提樹、在六祖影堂前、宋求那支摩三藏所手植、六祖開東山法門於其下、樹雖非故物亦其種也、廣人凡遇元夕、徃〻取其葉爲燈而此寺獨盛

庭前雙樹尚依然何處猶叅無樹禪一自老盧歸去後年〻長結萬燈緣

任囂墓

番禺雜志云，囂廟在今法性寺前道東四十餘步，廣民歲時享之，墓在廟下法性寺，今光孝寺也，而墓與廟已不復存，訪古者猶能想像其所在。

枯墳曾閱幾興亡，行客徘徊古道傍，茅屋一間無處覓，可憐不似楚昭王。

淨慧寺千佛塔

塔在寺中，高二百七十丈（尺），成於哲宗紹聖間，郡人林修之力也，其初規地得古井九，環列其外仍得寶劍巨鼎之類。

九井神光射斗牛，天開寶級鎮南州。客船江上東西路，常識嶙峋雲外浮。（近年歷代沿革內又以為太宗朝端拱二年建，不知孰是。）

衆妙堂

在天慶觀之西偏（今玄妙觀），昔道士何德順所作，東坡為之記，并賦詩：

妙處常存道豈高，箇中得意自陶陶。空堂寂寞豐碑在，觀裏何人復種桃。

劉氏銅像

昔劉鋹及二子、各範銅為像、少不肖似、即殺冶工凡再三乃成、今尚在天慶觀中東廡

霸業凄涼一炬休鑄金為像亦狂謀五湖但說鴟夷子千古誰知恩赦侯 按劉氏興亡錄云宋開寶四年、正月辛未、偽劉少主迎大軍于城北七里、潘美令中書宣赦釋罪是日天地黯慘兵火四焚六十餘年基業一旦煨燼鋹後歸朝勅封為恩赦侯

劉氏雙闕

乾道中、劉氏二女、其母久病一刲肝一刲股以奉之、母乃瘳連帥龔公茂良上其事、詔即所居立闕

疊闕岧嶢即是碑、天荒初破此蛾眉、行人來往手加
額解說當年植表時

番塔

始於唐時曰懷聖塔、輪囷直上凡六百十五
丈、絕無等級、其顛標一金雞、隨風南北、每歲
五六月、夷人率以五鼓登其絕頂、叫佛號以
祈風信、下有禮拜堂

半天縹緲認飛翬、一柱輪囷幾十圍、絕頂五更鈴共
語、金雞風轉片帆歸、歷代沿革載懷聖將軍所建故今稱懷聖塔

海山樓

建於嘉祐中，今在市舶亭前，唐子西有登樓懷古詩

海山兩過月明時，自是南州一段奇。塵土只今無着處，可憐誰與更題詩。宋時經畧安撫于五月五日閱水軍教習于其上，尝新荔

越井岡

番禺雜志云：一名臺岡，一名越王臺。南越志謂之天井，在城西北三四里。唐廣州司馬劉恂嶺表異錄云：岡頭有古臺基址，連帥李玭、

於遺址上搆亭、鄭公愚又加崇飾、今在悟性寺後、郡人呼為越王臺、相傳尉陀曾張樂於此、故老云、舊皆夾道栽菊、黃花迤邐為九月登高之所

萬山袞袞盡東來、高處猶存百尺臺、回首舊時張樂地、一杯重與酹蒼苔、

越臺井

按嶺表異錄云、井在州北越王臺下深百尺餘、磚甃完儉、云南越趙陀所鑿廣之井泉、率

鹵鹹惟此井冷而且甘番禺襍志亦云越井半有古甃曰趙陀井水味清甘劉氏呼為玉龍泉民莫得汲潘美克平後方與衆共之今此井在悟性寺前清甘實為一郡之冠而後来乃亭其上而榜焉曰達磨泉初無所據只何公異所作南征錄及圖經云達磨初来指其地曰是下有黄金取之不盡貧民竭力掘之數丈而遇石穴而泉迸達磨云即此是也何公乾道中入南蓋此井已在達磨泉之後好事

南海百詠

者又為此說以附會之、今越國無他井即此
無疑、又嘗讀唐子西集、有遊廣州悟性寺詩、
其結句云、泉脈来何處、中含定慧香、則亦指
此為達磨井矣

古梵寒潮百尺清僞王題品老陀營渴来不飲盜泉
水、特地翻為達磨名

西竺山廣果寺

故江西提刑譚惟寅所建、蓋觀音道塲每歲
二月十九、遊人最盛

小橋橫絶兩峯環，白日松風為掩關。天半樓臺矗金碧，直疑海上補陀山。

東七寺

以下二十八寺，列布四方，偽劉所建，上應二十八經，尚大半無恙。今各以寺名為詩，俾後之覽者屬和焉。

慈度天王更覺華，蒼龍東角梵王家。普慈化樂成塵土，興聖猶兼覺性誇。

西七寺

文殊千佛顯真乘水月光中見定林昭瑞當時連集
福咸池今日應奎參

南七寺

井軫南宮煥寶光千秋古勝並延祥秖今兩寺無名
字地藏旁聯四寶方

北七寺

國清尊勝北山陽證果報恩同一區地藏荒蕪拜報
國尚餘悟性斗牛墟

浮丘山

在郡西浮丘觀之西、其高一丈五六尺、周四百餘步、番禺襍志云東邊有井、舊為投龍之所、後為人所觸、一旦自塞、按羅山記、浮丘即羅山朱明之門户、先在水中、若丘陵之淺今山之四面、篙痕宛然、有陳崇義者、年一百一十二歲、說為兒時、猶見山根艤船數千、今山去海邊三四里、盡為人煙井肆之地、此國初時浮丘、蔣穎叔嘗作挹袖軒於其下、仍記吴尹言、為浮丘上人得道之地、有隻舄故事、其

為神仙之窟無疑矣

碧海何年已變田空傳隻舄舊時仙来風欲挹浮丘袖同訪朱明別洞天

珊瑚井

蔣穎叔云葛洪嘗煉丹於此而海神以珊瑚為獻有珊瑚井尚在

可怪仙翁亦世情珊瑚還許致慇懃波神不是趙陀客即是前身石季倫

朝漢臺

臺、在城、西硬步、南越志云熙安縣（齊宋有此縣名）東南有圓岡、高數十丈岡四面為羊腸道說者謂尉陀登此望漢、而朝拜、故曰朝漢臺嶺表異、錄云、在西北五里岡原上、今址存焉刺史李玭、於其上創餘莫亭至今送迎之地、又改為朝臺館、番禺刻石云、今江邊有臺壘壘、彼人但名其地為朝臺、不知彼是耶此是耶問之故老、已莫能知其所在則是在國初、已罕有識其處矣、張曲江詩津亭壯越臺、蓋謂此也後来人皆以今之越王臺謂為朝漢然津亭當在水濱豈應在山上元祐間毛司漕方辨正其地蔣頴叔亦同賦詩所謂真乗寺側偶同尋潛德幽光一朝發然真乗寺亦在硬部步其地則近之矣而其臺則平地突起數十尺八陛宛然即郊壇也土人至今猶呼拜郊臺而江邊纍纍之岡原固自若也自蔣頴叔之誤後亦無有辨者朝臺又名武王臺蓋趙陀并桂林象郡之初自立為南越武王韓詩所謂樂

秦武王臺者是也亦名雲陽臺或云趙建德
戰勝韓千秋時張飲於此

倔強難除結尚椎築臺北望欲何為大夫自載千金
橐誰念韓侯十萬師

劉氏郊壇

一德由來可享天東隣牛祭亦徒然荒涼到處遊麋
鹿誰識郊壇八面圓

劉王花塢

在千佛寺側桃花並水一二里可以通小舟

盖劉氏芳華苑故地也

綠陰到處小舟藏淺水漂紅五里香不見芳華舊亭
苑桃花應解笑郎劉

蕃人塚

在城西十里纍纍數千皆南首西向

鯨波僅免葬呑舟狐死猶能效首丘目斷蒼茫三萬
里千金雖在此生休

花田

在城西十里三角寺平田彌望皆種素馨花

一名耶悉茗南征錄云劉氏時美人死葬骨於此至今花香異於他處

千年玉骨掩塵沙空有餘妍賸此花何似原頭美人草樽前猶作舞腰斜

石門

在州西南二十里或謂十五里郡國志及圖經云呂嘉拒漢積石江心為門嶺表異錄云漢將軍韓千秋征南越全軍覆没之地也按漢書云韓千秋兵之入也未至番禺四十里

南海百詠

越以兵擊千秋等滅之又元鼎六年冬樓船將軍將精卒先陷尋陿破石門以此攷之則石門非千秋覆軍之處乃樓船破越之地也而兩山蓋自宇宙以來之物積石之說其謬可知

呂嘉積石浪相傳雙闕天開尚宛然成敗古來俱一夢千秋何事老樓船

貪泉

在石門乃吳隱之酌泉賦詩處番禺襍志云

劉龑惡其名、運石填之、或云爲寺僧所塞、今未詳、有唐天寶中陳元伯所撰碑銘見舁置廣平堂上

泉本無貪人自淸何須一酌始忘情回車勝母君知否、見説曾參亦好名、

沉香浦

晉史云、隱之歸自番禺、其妻劉氏、齎沉香一片重一觔、隱之見之、遂投於湖亭之水、圖經云、亦在石門西華寺、在浦之旁、故有亭曰沉

香

一飲千金事已非那容更載此香歸若教到此方投
去早落人間第二機

鑒空閣

在金利崇福院之前東坡有贈黃洞秀才詩
可攷而知也

右帶靈洲左石門何年飛閣倚晴雲南遊不用看圖
畫曾向坡仙句裏聞

靈洲

洲在水中、上有寶陀寺、郭璞云、南海之間有
衣冠之氣、即其地、南征錄云、山根如鼎足、漢
舟可以往來其間、東坡亦有詩
東南佳氣盛衣冠樓閣翬飛縹緲間疑是落星灣上
見更須題作小金山

甘溪

在郡東北五里北山脚下、東晉太守陸胤所鑿
引泉以給廣民、亦呼甘泉、唐會昌間節度盧
公遂疏導其源、以濟舟楫、更飾廣廈爲踏青

避暑之勝地、偽劉時、復鑿山為甘泉苑、中有泛杯池、濯足渠、避暑亭之類、其下流為甘溪夾溪南北三四里、皆植刺桐木棉、旁則坦平大道、詳見番禺襍志、及嶺表異録、中、甘溪今不復見、圖經并番禺志云、即讙讙水也、水正在北山脚、岸高、水自石而下、其聲讙讙然、故以為名

甘溪依約舊城東、陵谷遷移一夢中、春盡踏青人不見、桃柳老大木棉紅

馬蛟山

在城北七里、俗傳昔有蛟化爲馬以惑土人、然郡邑志乘多不載、究不知山名所自來也。

耆老相傳亦可嗟、深山大澤自龍蛇、老蛟變化初何怪、天馬從來產渥洼。

雷洞

在城北山七里、下有雷廟、穹然一大塚、古甓具在、俗傳爲僞劉雷將軍墓、又云劉氏時所鑿、謂之雷藏、欲以饗雷、事見番禺襍志中、然自今觀之、為虛墓無疑、其上因山為之、初不封樹、近歲為風雨所圮、方洞見其中、識者亦疑為趙陀塚、郡人率以正月二十六日、傾城来遊、徃々以申桑間之約、俗謂洗身、吁、風斯下矣、

疑塚峥嶸此不封、麒麟彷彿是山中、後人未識藏雷穴、踏破蒼苔古甃空、遠看金腰裊近看石麒麟此陀墓形勢也

蒲澗

在郡東北二十里、亂石山間、澗舊有蒲、一寸

九節、安期生服之飛昇處

拔宅、誰能辨有無、澗邊空記舊丹爐、世間自是多凡骨、何處猶尋九節蒲

滴水巖

巖在蒲澗之上、飛泉百尺、下瀉無地、真勝處也、

天半飛濤六月寒、蒼崖壁立互爲回環、從今好事能題品、列作南中第一山

菖蒲觀覺真寺

寺觀並在蒲澗、東坡詩云、昔日菖蒲方士宅、
後來薝蔔祖師禪、是以寺為安期生宅也
而圖經載遺履之事、乃以觀為宅、今未詳觀
今名碧虛、中有劉氏碑、東坡題名其上、郡人
歲以正月之二十五日、為蒲澗節、帥使而下、
傾城來遊、南征録云、正月二十五日、乃劉王
生日、七月二十五日、乃安期上昇
千載仙居已渺茫、道山佛屋自相望、春花秋草年々
事、却作遊人歌舞塲

流杯池

在菖蒲觀之東、水石天成非由人巧、劉氏舊賞也

坳石天然印曲流、飛觴寂寞幾春秋山陰千古誇陳迹、此地何人記舊遊

葛仙翁煉丹石

在碧虛觀前東嶺上、巖壑窅冥、人跡所罕至者

見說刀圭已解仙寧須丹竈半人間葛翁本自求勾

漏何意南來訪此山

鮑姑井

鮑姑即靚女葛仙翁妻也與洪偕隱羅浮山行炙於南海有神艾唐崔煒嘗得之療疾有奇效其井今在彌陀寺菖蒲觀然皆湮廢未知二者孰是圖經云景泰寺亦有井今已不見

為覓丹砂到海濱空山廢井已生塵不將一滴蘸焦槁神艾虛傳解活人

懸鐘

在滴水岩崖上、人跡所不至、仰而視之、其形髣髴然可望而不可即也、好事者引彈擊之徃〻有聲

絕壁初無路可通何人特地鑄金鐘神仙底處應難詰彈落餘聲和澗松

趙陀疑塚

番禺襍志云在縣東北二百歩者舊相傳陀死、營墓者數處及葬喪車從四門出、故後

不知墓之所在、惟當蒲澗側石馬、舌上有云、山掩何年墓、川流幾代人、遠同金腰裹、近似石麒麟、時莫解之、但疑其墓不遠、蔡如松云、舊說即悟性寺是也、今蒲澗之南、平原中、枯塚纍纍數千人、猶謂趙王疑塚乎、又按南越志云、孫權時、聞趙陀墓多以異寶為殉、乃發卒數千人尋掘其塚、役夫多死、竟不可得、次掘嬰齊墓、嬰齊即陀孫也得玉璽金印銅劍之屬、而陀墓卒無知者、且陀死於武帝之初、至孫權時方

三百載有奇、已尋掘而不可得、至今千餘載
當益不可攷、又不知傳奇載唐崔煒所入、果
何地耶

漫說曹瞞七十餘、老陀疑塚叜模糊、不知禹葬會稽
處、也有纍纍如許無

寶象峯勝因寺

在白雲之麓景泰之南、創始於乾道閒俗謂
東菴是也

鴻濛誰闢此山川、龍象新開二十年最恨東坡早仙

去只數蒲澗入詩篇

虎跑泉

在寶象峯之下寺之西盈不滿尺雖久旱不涸也

破寺高僧夜不眠一般猛虎月明天起來難覓新蹄跡半滴空餘石罅泉

動石

在寶象峯上塊然一拳石耳土人云吒則隨動

山中塊石老僧言、一叱應如轉法輪、元自是世人心
自動、請將消息問風幡

白雲洞

在亂石山絶頂有寺、九龍泉記云、安期生初
隱於此、有九童子現而泉湧、因以九龍名泉
今泉在寺之側

金刹憑陵尺五天、勝遊何必羨登仙、安期想見身千
億、汗漫人間若箇邊

三教殿

在白雲寺中陶定施財所建也至今香火不
絕

大道迤迤嵎峙分箇中誰為破重藩須知問禮當時
地不見西方兩足尊

鶴舒臺

在白雲前山宛然巨石安期生飛昇時有鶴
下迎于此

危臺老石寄層巔寉駕逢迎不記年今日歸來應一
笑山川城郭故依然

大小水簾洞

在白雲之麓東西相距無三百步蓋九龍泉下流也

碧澗東西春水添四時疎雨落晴簷珠宮貝闕無尋處空見重重掛玉簾

虎頭巖

在鶴舒臺之北崎嶇險絕好事者所未之聞予嘗兩至此

絕壁空岩踞虎頭鳥飛不度野猿愁人間有此真奇

境便好乘風訪十洲

景泰山七仙寺

昔傳景泰禪師之始卓錫也、有七仙人、為守其地、後來開得石履古鑑、各一、至今猶窩山中、

老衲誅茅昔小留七仙陰為護岩幽、不將石履呈奇怪安得西歸好話頭、

卓錫泉

在七仙寺中、亦由景泰禪師卓錫得之、泉上

有叟蠏月明時徃徃浮出、人卒莫能得之、真
靈怪也、
泉源無處不流通、隱顯何關卓錫功、欲識海潮連地
脉、秖今雙蠏出泉中、

順菴

康與之舊宅也、在景泰山下、高宗御書扁榜
列有龍蛇飛舞之勢、今刻石尚存、惜風饕雨
虐、日就剝蝕耳
詞人自結一間茅、天上宸奎舞瘦蛟、見說鬼神猶畏

護、瑞光前夜起山坳

陵山

劉氏之墓也、在郡之東北二十里、漫山皆荔子樹、龜趺石獸、歷歷具存、昔有發其墓者、其中皆以鐵鑄之、予嘗至此地、摩挲斷碑、不見始末、但見其詞皆是葬婦人墓誌、考之僞史、疑是懿陵也、他尚有數處、如南海縣宣風鄉及番禺黃陂新會上臺玉環了髻山等處皆有之、龜趺無處問行踪，惆悵連江荔子紅。鐵鑄崔嵬真大錯，驪山銅柱久成空。

馬鞍山

南越志云，秦始皇時，望氣者云，南海有王氣，遂發卒千人，鑿北山之岡，謂之鑿龍。今所鑿處形如馬鞍，故為名焉。番禺襍志云在郡北三十里。

塹山堙谷浪為謀，餘力猶窮嶺外州。見說揭竿從壠上，祖龍當日漫東遊。

琵琶洲

在郡東三十里、以形似名、俗傳洲在水中與水升降、蓋海舶所集之地也、

髣髴琵琶海上洲、年年常與水沉浮、客船昨夜西風起、應有江頭商婦愁

相對岡

在州東三十五里、兩山雄拒、江上舟楫往来之要衝也、

海門高並兩峯寒、大艑輕帆自往還、安得百靈移一

島、却教塵世看三山、

南海廟

在郡東南、水陸俱八十里、扶胥之口、蓋四瀆之一也、廟中有波羅蜜樹、銅鼓、及韓退之所作記、唐開元中祭文、等碑、又有西廟在城西五里、

宫闕叅差海上開、吐吞波浪起風雷、英靈萬古扶宗社、奚醜區區何足推、大奚之敗王之助也

浴日亭

在扶胥廟之前小山上。東坡有詩。番禺襍志謂之看海亭。

亭倚蓬萊幾許高。下臨無地有驚濤。坡仙想得江山助。八語端爲天下豪

銅鼓

南海東西廟皆有之。東廟者。徑至五尺五寸高有其半。俗謂洪聖王舊物。蔡如松作懷古詩。嘗辨之云。銅鼓之説。出于隋書南夷傳。蠻人酋長。好鑄銅鼓。有事擊鼓。蠻人盡集。女子

首飾、盡戴、銅釵、取釵擊鼓、蔡之説止於此、殊不知虞喜志林、已載建武二十四年南郡男子獻銅鼓、有銘、又後漢書馬援、好騎射善别名馬、征交趾、得駱越銅鼓、乃鑄為馬式、以進則知銅鼓在後漢光武時已為希得、所以有南郡之獻、非止見於隋時也、今廟中之鼓自唐以来有之、番禺志已載其制度、凡春秋享祀、必襍衆樂擊之、以侑神、又府之武庫、亦有其二、其一蓋唐僖宗朝鄭續鎮番禺日高州太守林靄所獻、初因鄉墅小兒見鳴蛙之怪、遂得于蠻酋大塚中、事見嶺表異録、在唐時既能為怪、則至今不知其幾百年物矣、鼓形如腰鼓、而一頭有面、製作精巧、所謂銘志、絶無有也、只周遭多鑄蝦蟆、兩〻相對、不知其何意

石鼓嵯峨尚有文、舊題銅鼓更無人、寶釵寂寞蠻花老、空和楚歌迎送神、

波羅蜜果

南海東西廟、各有一株、樛枝大葉實生於幹若癭瘤然、有大如瓠、廟官每歲於九十月熟時、取供諸臺其他莫敢有過而問者、以蜜煎、之、頗為適口、相傳云西域種也、本名曰曩伽結

纍々圓實大於瓜想見移根博望槎三百餘篇誰識此、世間寧復有張華

王登洲

在廟東之江心、僅塊石耳、俗傳南海王為河

源人、其初死、因於兵、屍流至此不復去、後人遂立為廟、此荒誕不經之説、南海志諸書皆不載、

四瀆初分有物尸、天開地闢共為期、齊東野語眞堪笑、請誦昌黎十丈碑、

靈化寺

寺在扶胥之北五里、休咎禪師道場也、蔣頴叔有記、畧云、師姓梁氏、終于元和中、昔嘗謁鎮海將軍廟、欲乞廟為伽藍、王不許、乃為師

別擇此地，仍以楮錢定其四隅，至今爲寺鎮
海將軍，即南海王也，師嘗爲王授三皈五戒
使無害生靈云

黃木灣前一畝宮，廟靈規地古來雄，江頭不見風波
惡，多謝禪師受戒功

走珠石

在湖南，舊傳有賈胡自異域負其國之鎮珠
逃至五羊國，人重載金寶堅贖以歸，既至半
道，海上珠復走還，徑入石下，終不可見，至今

此石、徃〻有夜光發、疑為此珠之祥

底事明珠解去来當時合浦已堪猜賈胡不省何年事老石江頭空綠苔

盧循河南故城

在郡之南岸古勝寺之西、俱云劉氏故壘、土人亦自呼為劉王廩、今則居人實焉按南越志、河南之洲、狀如方壺、乃盧循舊居又番禺襍志云盧循城在郡之南十里、與廣陽江相對、俗呼海南、又呼水南、劉氏舊為倉廩、南海集中載龍溪蔡如松懷古十二詩、亦嘗辨其譌、此為盧循城明矣、圖志故老尚失其實、殊為可怪、今其中故址隱然、規模髣髴、断磚廢瓦、徃徃為遊人所得、豈倉廩之舊乎、而盧亭蛋户皆盧循之遺種也

蛙攙方州妄自尊、沈郎百萬若雲屯、歸舟無路尋巢穴、空有盧亭舊子孫

循攙廣州、聞劉裕北伐、從徐道覆之說、北出襲建康、裕遣沈田子等、乘海奄至、傾其巢穴

大通寺

在河南大通津上、有達岸禪師化身在焉、師

古[illegible][illegible]詩

新與人、名志清凡雨暘之禱迎致輙應寺前
後老檜數、百株、婆娑掩映、相傳唐天寶間所
植

老木槎牙欲擘雲門前流水我知津過江一雨如盆
瀉競禮真如不動身

抱旗山

郡之客山也其勢如抱旗古木叅天林壑幽
邃

面勢翩翩天外山彩旗長在翠雲間太平官府無公

事、益婦、高牙相對開

花山寺

在扶胥北五里、漫山皆杜鵑花、俗傳方春時
婦女徃徃就結其花以為熊羆之兆將謂叔
詩云開遍滿山紅躑躅香風一簇美人來蓋
謂此也

萬花春老正紅酣不是叢林優鉢曇山下女郎来問
訊、未饒萱草解宜男

黃巢磯

在清遠縣境上、波流激湍、白石鑿鑿、相傳黃巢覆舟處也、

天下縱橫轍跡環、舳艫不許度前灣、江神少爲推焰、要使留金六祖山、南華有黃巢施金置田號、自稱爲率土大將軍

金芝巖

在清遠縣東北二十五里、南來者多以僻左不得至

碧落三洲天下奇、仙城誰復識金芝、可憐隔斷黃茅路、不得騷人賦一詩、碧落洞在清陽三洲岩在古康皆佳處也

清遠峽

一名中宿峽、在清遠縣東二十里、兩山對峙
如擘太華、舊傳海鰍乘潮、一夕而至、圖經云、黃
帝二庶子、採崑崙竹為黃鐘管、居於此山、故名、
至今廟貌猶存

崑崙截竹事空傳　不見春潮送客船　只似蜀江江上
路　兩山中挾手巾天

峽山廣慶寺

寺在峽中、唐韋宗師南海時、以俸錢買菜園

親帖在、
韋郎故地久蕭條、只有泉聲響夜潮、行客徃來回首
地、玉環無處覓嬌嬈、

飛來殿

在廣慶寺中、胡愈所作記云、梁武帝末、峽有
二神人徃叩上元延祚寺正俊禪師曰、本峽
居清遠上流、建一道場、足立勝概、師能去否、
俊然其說、俄然中夜風雨暴作、黎明薄霽啟
戶而觀、則琳宮紺宇、一望莊嚴儼然在峽中

矣、

嵯峨古殿記飛来、千古傳聞亦怪哉龍象漸隨塵土
化、却疑神物欲飛回

達磨石

在廣慶寺西、俗傳達磨坐禪處平坦光瑩廣、
一丈餘

葱嶺初無一字傳名山到處即為禪只今石上留公
案、面壁何須更九年

釣臺

在飛來殿之西乃趙胡釣得百觔金鯉之
地

釣得神魚金作鱗廢臺百尺漫嶙峋絲綸不入非熊
夢當日何人老渭濱

和光洞

圖經云其上有五色榴花皇祐中前永定縣
尉安昌期所隱題詩處也中有我與衆生寧
計校進人一味是和光之句故名

和光深洞隱昌期門鎖烟蘿不可窺欲問榴花好消

息、只今難問舊題詩

沉犀潭

昔傳崑崙奴獻犀至此、犀忽沉入海中百計購之、終不復出、後有漁者、得金鏁一尺餘以進

西來異獸路應迷、金鎖何年落此溪不比李侯心似水、歸舟自擲石門西

龍磨角石

石在峽、口水中圖經云、闊三丈餘、文緻而澤

耆舊相傳每歲春時有群龍集於此磨角其上痕跡斑斑然水落而痕可見竟莫詰其所以然

舊說神龍水底蟠何年雹擊與雷奔至今舟子相呼喚猶指江邊石上痕

老人松

在飛來殿西南十餘步間大觀中錢師愈從者嘗剃之後見夢于殿直吉老者事詳具於胡愈記中

上古輪囷說壽樓何人玉斧劉霜腴有知定是非凡
物盡作堂堂五大夫

資福寺羅漢閣

在東莞縣市中僧祖堂始營此閣規制巨麗
東坡為之記且以犀帶所易佛腦骨薦以白
璧施之見東坡塔銘并吳玕所跋記語寺有
再生栢東坡亦有贊今猶存壁間

千柱依然跨寶坊庭前栢子久荒涼明珠白璧無人
識賴有斯文萬丈光

鳳凰臺

在增城縣、圖經云、熙寧七年、有鳳皇飛集於法華寺、羽毛五色、光彩陸離、高六尺長九尺、百鳥隨之、食頃、從西北去、觀者如堵、程公師孟以聞、李公思義、遂創臺其上、

鳳去臺空歲月遷百年陳迹掃榛荊清時已慶三登瑞、盍向朝陽更一鳴

會仙觀

在增城縣南三百步許、何仙姑所居也姑生

於唐開耀中、嘗於旁穴得雲母石服之體中漸覺輕舉、有凌雲之致、一日告其母、以群仙之會、吾將暫往、遂不復見今祠堂丹井具在觀中

綽約長眉海上仙久飡雲母學長年山中丹井今無恙為弔南充謝自然

龍窟

在新會縣西萬壽寺之後、兩山相望其中不能百步東山數穴、窅不可窺、以石投之其聲

隱隱不絶、至西山、則玲瓏相屬、表裏洞開、故
老相傳為神龍出入之地、圖經云、每雷雨大
作有龍在其中、破空而出、踴躍震動、習以為
常、至今或遇亢旱禱之輒有靈驗

變化靈蹤亦可疑、玲瓏數穴似仇池、滄溟咫尺不歸
去、安得神龍如許癡

金牛山

在新會縣、此山雄據闤闠、綿亘數百里、雲山
海月、舉無遁跡、雖白雲景泰眺覽之勝、亦不

是過舊無亭榭予始刱海月奇觀於其上為登臨遊息之所圖經云昔此山濵水有漁者見一牛其色與索皆金也光芒閃爍方欲抵岸為漁者所驚遂入此山有廟尚存

金牛去後久淒涼好景乾坤亦秘藏滄海無窮月無盡從今收拾入詩囊

仙湧山

在新會縣西七十里圖經云舊無此山一夕風雷震怒湧出數峯林巒周具因以仙湧名

且取其名以建寺

龍伯何年釣巨鼇兩峰漂蕩入洪濤人間靈迹無尋處仙湧羅浮相對高羅浮山記云昔有山自會稽浮海湔並於羅山因名為羅浮

媚川都

偽劉採珠之地也隷役凡二千人每採珠曰而死者靡日不有所獲既充府庫復以飾棟宇潘公美克平之後於煨燼中得所餘玳瑁珍珠以進太祖令小黄門持視宰相且言採珠危苦之狀開寶五年詔廢媚川都選其少

壯者為靜江軍、老弱者聽自便、至今東莞及
瀕海處、往往猶有遺珠
漭漭愁雲弔媚川蚌胎光彩夜連天幽魂水底猶
相泣、恨不生逢開寶年

劉氏山

悟性寺後山南征錄謂之劉王山、蓋偽劉曾
作臺觀於其上、
一徑縈紆夾粉墻、竊來臺館化僧房周遭老木依然
在、曾見劉家偽帝王

南海百咏終

南海百詠、大德間鏤版行世後未有重梓之者、余家向有抄本、亦譌踵謬、不全魯魚帝虎之失、恨不能一一訂正之今春、苕賈錢仲光、攜一冊至點畫精楷、裝潢鄭重卷端有

印章曰絳雲樓錢氏乃知為
虞山先生家藏善本也借觀
三日而校勘之功畢因命學
徒重為繕寫珍諸篋笥視向
之承訛踵謬者相去遠矣饑
下箸酒展卷欣然用連浮大

白而為之跋。時

康熙己亥歲長至前三日艾

亭金稟識於城東書塾之碧

雲紅樹軒

瀛海論

瀛海論

三卷

〔清〕張自牧 撰

清光緒十三年蒲圻但氏校刊本

光緒丁亥四月
蒲圻但氏校刊

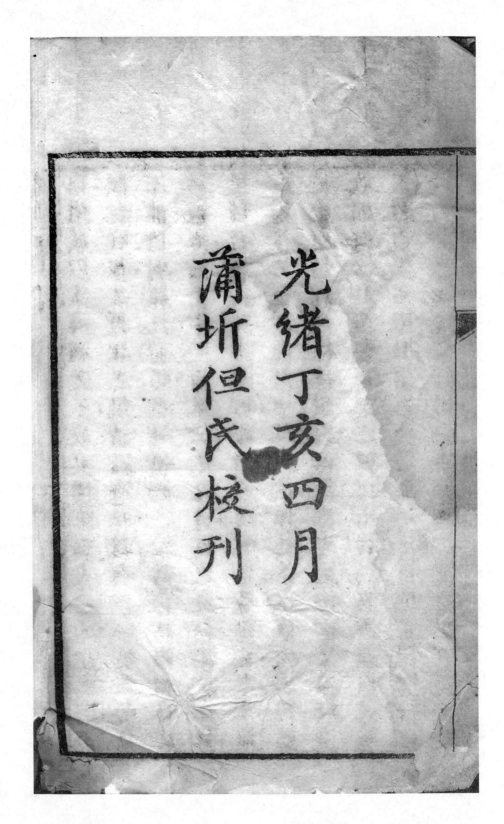

自道咸以來海疆盡多故矣博帶褒衣之夫足不踰戶限往往侈談控馭之策詰以海外疆索與敵情輒茫然不能置對羅江荷笠者竊憤慨之爰鈎稽諸海圖島志爲瀛海論上下三篇舉茫茫九萬里之遠向渺莫澈其里域者悉爲部畫州區燦若眉列洵足備要荒之掌故廓海宇之見聞而其中又言欲攘外莫亟修內不得爲積威所劫以自餒彼所製諸利器固足奪造化稱神奇我即師法其所製以制之彼自不得負其所長以抗我至若古先聖帝明王相傳之道如日月麗天江河行地終古莫之或改烏容以誕而不經之異說亂之況天聰

瀛海論序

人事倚伏相乘彼已知邪說之害道與美酖之病人兩者皆舉以爲大戒是卽向化者機也迎其機而禁遏之夫豈不可以已乎予讀而歎曰世之言綏邊者匪戰則款紛紛置喙多以臆爲言從未有知彼知己經畫及九譯之外因其治宜其民用以立西南之紀而維中外之防如斯編者苟當軸者取而見之施行若猶敢梗聲教怙其慝如驕子之侮慈母則吾未之前聞光緒丁丑仲夏移芝叟楊彝珍拜手序

漆園有言六合以內論而不議六合以外存而不論夫以其思騰天潛淵其口傾潰倒漢顧難於論議何哉蓋目所未覩耳所未聞心所未通而論之議之不顧其情之妄辭之誣且卒世之人皆出於誣與妄而其害遂中於天下國家故聖人惡利口之覆邦家者又曰知之爲知之不知爲不知所以深戒妄言之貽誤於世乃今笠之父直舉六合內外而論議之則又何也夫瀛海之爲糾紛轇轕者幾一世矣其始失於未得情勢而操之太蹙繼此日益蹉跌大氐皆執振弱洒恥之常談而不自度量卒至弱愈甚恥愈增則胥動以浮言指爲鬼蜮傳

瀛海論序　二　蒲圻但氏校刊

述種種惡狀傾動天下冀人人忿而誅之究所爲毁其室戕其軀者不過數見曾不足損其豪末而耗吾之金幣者已數百萬矣侵尋不已錮蔽愈深笠之父乃博攷載籍證以聽睹分別部居不相雜廁其土地之廣隘勢力之强弱皆較若列眉焉至於援古證今疏通知遠視至怪之爲至常識至難之皆至易所以袪疑解惑者甚至而安邊綏遠之道即具其中於以知角技鬬智之無庸矣昔吳江計氏作籌南五論世頗稱之然彼所論域中耳非耳目不及之地也學術之弊也經芟其繁傳束之閣簡陋極矣矧夫山海紀異之編輶軒絕代之語或

畢世末之前聞一觸於事則人皆予智不求其端不訊其末競逐聲影羣焉一辭叩所以然莫能相喻語曰流言止於智者無如智者之不數數觀也然子思子曰好學近智釋之者曰好學非智而足以破愚是故智在破愚破愚在學學在好古敏求不此之務以終於愚又不安於愚馴至爲誣爲妄且阿隨他人之妄與誣而爲之羽翼則愚之甚矣是編眞足以破愚矣亦惟好古敏求之士乃足以讀之某根居士羅汝懷序

瀛海論序

三

蒲圻但氏校刊

瀛海論上篇

天生烝民各從其類無懷葛天以前民至老死不相往來無所謂中外也有聖人起作之君作之師教以人倫禮樂法制相維而人道以立就文物昭著者推爲華夏三代以還庸蜀羌茅微盧彭濮淮夷徐戎赤狄白狄錯處九州之內禹貢荒服職方蕃國漢唐宋史籍所載列於朝貢者大抵去中國不甚遠今泰西人所稱亞細亞也其間如昆堅丁零黠戛斯骨利幹大秦等國在今歐羅巴之域然重譯偶通傳聞髣髴史臣約略言之以參王會之盛耳有明中葉西班牙葡萄牙荷蘭自歐羅巴

瀛海論上篇　　　　　　　　　　　　　一　　蒲圻但氏校刊

航海西來攘據南海諸島而泰西之人遂接踵於中土此虞夏商周漢晉唐宋四千餘年來所未有也昔騶衍九州之說山海十州之書閎大不經荒杳無據自利瑪竇陽瑪諾湯若望南懷仁穆尼閣奈端韋相率西來而後地球九萬里畫方計步運於掌上四大土之國喁喁嚮風矣就地球全體言之在東半者中國為最大泰西人舉俄羅斯東境及東方朝鮮日本琉球諸國南交越南暹羅南掌緬甸及南洋羣島西西北布哈爾漢月氏波斯漢安息愛烏罕漢罽賓俾路芝漢烏弋山離基發即機窪諸回部西南五印度漢身毒極西阿剌伯漢條支迤北土耳其之東中

兩土附之其地北距氷海東距東洋南距印度海西距紅海地中海黑海統名之曰亞細亞夷語無義可譯姑就所稱者舉之爾亞細亞之西北為歐羅巴西南為阿非利加三土相連阿非利加視亞細亞之半歐羅巴視阿非利加之半亞墨利加別居地球之西分南北兩土視亞細亞相若阿非廣莫荒昧僅東北隅近印度海紅海地中海者有埃及一曰麥西弩北阿阿北西尼亞等國稍通聲教常受役於歐羅北亞墨大國有米利堅一作美利哥即花旗小國有墨西哥南亞墨有巴西孛露一曰祕魯智利玻非利亞金加西臘等國米利堅於乾隆中始立國地廣人

衆通商最盛勢與歐羅巴諸大國抗衡華盛頓爲創業之主乃不以位傳子孫分國二十餘部每部設統領而以伯里璽天德主之爲合衆國四歲一易退位者與齊民齒民無常奉而百年無爭戰之事風土略近中國流寓多華人克累弗尼亞省尤衆世所稱西金山也孛露於前年始通中國而相去益遠地小而貧華人往傭者輒虐遇之英俄日本皆以爲非近亦無續往傭者阿非亞墨二上之興衰皆非邊防之急也今之談邊防者東西南三洋而已亞細亞東境爲東洋距中國最近南海羣島爲南洋爲西洋入中國孔道歐羅巴爲西洋東洋

以日本爲大國。自西漢時通中國。隋唐宋屢入貢。元人伐之無功。明代復通貢。然數犯邊。國初通國書。定銅船采買之制。同治中始立和約。旋有臺灣生番之役。仍臻和好。其地距山東閩浙不遠。華人浮海而往。所至成聚。近日效法泰西機器輪舟車及鍊兵開礦諸務。勢寖强。然能禁鴉片煙天主教不入其境。嘗改用歐羅巴文字。國人弗便。仍用華文。而以倭音讀之。別有倭字。就華字減筆成文。行於國中。地近高麗琉球。已與高麗立約。顧欲臣屬琉球。亦地勢然也。同治十二年。使臣瑣意西馬十三年。使臣柳原前光先後入　覲。外國豔稱之。歐羅巴幅員在四土爲最小・黃海注其中・即波羅的海黑海界其東・地中海橫其南・大西洋海浮其西・烏拉大山亙其北・俄羅斯都於黃海東岸・彼得羅堡・坿西岸者爲瑞國一曰瑞威頓一曰瑞典・即藍旗其都曰斯德哥爾摩・一曰斯叨克浩母瑞國之西爲瑙威・一曰挪耳瓦一曰哪威一曰諾魯威亞其都曰格里士特阿拏・坿南岸者爲嗹國・一曰丹馬一曰大尼即黃旗其都曰哥卑的給遜・東爲普魯士東部・一曰布路斯即單鷹旗其都曰伯靈・嗹國之南・普魯士之西爲日耳曼一曰德意志列國・歐羅巴之中原也・普魯士之南・日耳曼之東・爲墺地利亞・一曰墺斯瑪加即雙鷹旗其都曰維也納・墺地利亞之東南・枕黑海・接亞細亞界爲

土耳其（一曰都魯機）其都曰君士但丁·土耳其之南小國曰希臘·（一曰額里士）都於雅典·曰亞德納斯、日耳曼之南曰瑞士·瑞士之南·斗入地中海·曰意大里亞·列國·（一曰伊達里亞一曰義大利）日耳曼之西·北臨大西洋海·曰荷蘭·其都曰亞摩斯德耳登·（一作俺本士特爾坦一作安持提）荷蘭之南曰比利時·其都曰不魯舍拉斯·（一作比律悉一作木蘭洛士爾士）日耳曼之西比利時·之東曰普魯士西部·兩部夾日耳曼之左右·蓋普魯士本日耳曼所分之國也·（今普國合日耳曼通稱德國）比利時之南·普魯士西部之東南·瑞士之東·曰法蘭西·（一曰佛郎機）其都曰巴黎斯·法蘭西之西南·曰西班牙·（一曰日斯巴尼亞一曰以西把尼亞）其

瀛海論上篇　　四　　蒲圻但氏校刊

都曰馬特·一作馬德里地一作莫珠爾勒得西班牙之西·臨大西海曰葡萄牙·一曰博爾都噶亞其都曰里斯玻亞·一作力士門又作德門法蘭西之西北有倫敦·一作蘭頓蘇格蘭·一作師古泰作斯哥西亞·又阿爾蘭一作爾蘭又作一爾蘭大三島鼎峙海中·曰英吉利·倫敦者·英吉利之都也·凡歐羅巴之民·貪而勇·君臣上下·雞鳴而起·孳孳爲利·利之所在·父子兄弟不相顧·勞苦艱難無所避·一藝之末·一器之微·竭畢生心力赴之·精益求精·巧益求巧·專心銳進·而不知止·其天性然也·各國以峨羅斯爲最大·英吉利·法蘭西·普魯士·皆强盛·勢足相抗·土耳其·奧地利亞·亦大國·而衰弱特甚·俄·普·英·法·疊相雄長·

其餘小國數十星羅碁布錯雜其間諸大國皆有鯨吞蠶食之心而互相猜忌合從連衡頗似春秋列國之局嘉慶中法蘭西王拏破侖弟一肆其雄心滅荷蘭廢西班牙取葡萄牙兼併意大里亞瑞士日耳曼割普魯士之半奪奧地利亞藩屬圍墮都燒峨羅斯舊都橫絕四海蓋楚靈王吳夫差之流亞自墨斯科敗後亦近於乾谿甬東之辱（嘉慶十六年法人攻俄兵潰於墨斯科諸國合兵攻之二十一年爲英所俘流之荒島道光元年死）嘉慶二十年各國大會於維也納各反侵地修好息民視葵邱衣裳之會宋號弭兵之盟夐然大矣（英議員烈耆得之言曰一千八百十四年英美定約於干特以爭財致衅至三十三年各遣使公議其事遂息三十

五年法土失和就正於德國而解六十三年英與巴西不睦而比國解之六十八年土希爭屬地而德國解之皆不煩一兵得使使臣會議片言而釋泰西情勢如此論語曰使於四方不辱君命詩曰控於大邦誰因誰極使臣能執義正辭賢於擐甲荷戈遠矣漢詔求使絕國之才至與將相並重有以夫。

峨羅斯東境。西北利八部界中國之北面西連高加索五部迤南鄰印度遠包中國之西西面迤北則波羅的海東五域三十七部。東峨五部國都在焉大峨十九部加匽峨五部小峨三部南峨五部。再西則波蘭十四部。以波蘭八部益以白峨六部。又跨海逾墨領峽據北亞墨利加之一隅曰監加札隸西伯利部。西伯利高加索二部在亞細亞域波羅的海東波蘭二部在歐羅巴域康熙中。擾我索倫諸部。再予國書未報復。由荷蘭附書諭之乃通好罷兵立碑定界通商於車臣汗部之恰克圖，即西伯利部所屬義爾古德斯科之甲他城，庫倫大臣所司，彼以皮來，我以茶往者也。其後日益南向，道光中自高加索新藩脅降西域回部布哈爾諸族，通波斯以噬印度，漸與後藏相近，尚未接壤，屢與英吉利血戰於雪山南北，亦未能得志。咸豐中兩次請地，自黑龍江以東雅克薩、尼布楚諸城，烏魯木齊以西伊犂、庫車、阿克蘇諸城皆割而有之，而喀什噶爾、葉爾羌諸城，乘機竊據，附庸於峨，同治十三年以重兵降回部之基，發通道於巴克達山，至北印度之克什米爾。巴克達山有三路達印度，一越印度之庫施山而達喀布爾，計千六百餘里，一徑達印度之排紹嘰耳，計千五百里

一出庫施昆崙兩山之間達克什米爾計六百餘里而喀爾壑特即廓爾喀之樊籬迫
矣近英吉利立約以愛烏罕即阿富根為界俄兵不得踰此
而南俄人未之許也又東得日本薩莫蝦夷之地以科
爾立十八島易之更跨東海繞出高麗之東開采煤鐵
頗享其利駐兵黑龍江界將營造火輪車路通中國特
以通商日久歷二百年未嘗開釁康熙中郎中圖理琛
曾至其地三十二年使臣義茲柏阿朗迭義迭思一作雅蘭
布來朝
召見賜坐賜食嗣後俄人遊學於京師間有入貢者
同治十二年使臣倭戾戞里十三年使臣布策來皆

召見·光緒元年·使臣索思諾·福思齊等·來訪茶市·見陝甘總督·稱其志在永敦和好·殆信義之國歟·英吉利倫敦五十二部·蘇格蘭三十三部·阿爾蘭三十二部·三島廣輪不過中國一小省·其屬地西得北亞墨利加·東得印度·迤南得南洋諸島·越海控馭·皆在數千萬里外·前明時初得北亞墨利加·廣土萬餘里·頓至富强·後以重稅暴斂·民不堪命而叛·乾隆四十年·華盛頓（一作瓦新敦·一作兀與騰）崛起·割南境爲彌利堅國·血戰八年而國定·英人僅保北境荒寒之土·五印度在緬甸之西·兩藏之西南·地方數千里·明時葡萄牙·荷蘭·經營其地·立埔通市·船擅

印度海之利。國初英人毆而奪之。康熙七年在東印度之孟加臘。買地建館築礮臺曰臻富盛。乾隆十七年。遂舉兵滅孟加臘。乘勝兼南中諸部。有爲英所滅者。有聽其置吏。僅擁空名者。有受役屬爲藩國者。僅廓爾喀。東印度國克什米爾。北印度國新的亞。中印度國信地。西印度國等數國尚能自存。餘皆隸英版矣。英人建藩部四。曰孟加臘。一作榜葛剌曰麻打拉薩。曰孟買。曰亞加拉。孟加臘之東北緬甸之西北有阿薩密部。本土夷。崇佛教。英人據爲別部。東距騰越。猓夷。獯夷。隔之。南距前藏。狢貐。與布魯克巴。隔之。去中國咫尺。南印度之南海中大島曰錫蘭。古狼牙脩地。嘉慶時英人滅之。循海而東。阿喀剌。頭谷。兩埔取之緬甸。再東據有新嘉坡。（卽息力柔佛地）麻剌甲。（卽滿剌加）檳榔嶼。（卽新埠）新三埔。其地偪近暹羅。又於南洋之極東闢大荒島曰澳大利亞。又名南亞細亞。世所稱南金山也。其地自爲一土。約二萬餘里。荒曠無人。英人墾而闢之。未得十之一也。（近人以此土比亞細歐羅阿非亞墨稱第五大州）別島曰搦曰倫敦。（又名新西蘭）爲自古人迹未到之地。太平洋之飛幾島。亦舉國稱屬焉。由倫敦往澳大所必經也。又有獅山諸地在阿非利加西界。特墨拉拉諸地在南亞墨利加南界。蓋遙領之屬地遠矣。道光十七年國主威廉第四卒。兄女維多利亞年十八嗣位，卽今之女主也。贅日耳曼列侯之子阿里巴一作博雅那爲壻，早卒。英國向通商於粤東。乾隆二十七年，特允英商伯時購運湖絲。四十年，有商船遇颶飄入粤洋，厚卹而歸之。五十八年，國主若耳治第三遣使臣馬戛爾尼一作麥加尼來朝。

上御澹泊誠敬殿受之，貢天文地球儀器二十八種。値

萬壽聖節，

上御含青齋受賀，賜賚豐渥，命侍郎松筠送至粤洋。嘉慶元年入貢。二十一年，使臣司當冬一作嘀蝦士來朝。道光中以鴉片肇釁，迄咸豐時復有違言，旋卽通好。同治

十二年。使臣威妥馬來賀
親政。與美使鏤斐迪。法使熱福理。荷蘭使費果蓀。及日
本俄使同覲見於紫光閣。邦交益篤矣。倫敦三島壤
地褊小。山澤之利。開闢殆盡。聯邦（即美利堅）既失。倚印度爲
外府。兵餉皆賴焉。俄人闢地日偪。又閒遣希臘教（俄國所奉之教）入印度。英人患之。近年專務加惠於印地。遣貴戚大
臣鎭撫之。光緒元年。其太子往遊。拊循其人。英主稱徽
號。以印度綴國號之下。殆將有東遷之志歟。法蘭西地
方二千餘里。建八十六郡。近年爲普魯士所敗。割茂士
城以西七城以講。其人精於算術機巧。凡火輪車自來

火鎗礮大半皆其所創風俗勁悍負氣好勝尤長於用兵號令如山萬足一步前者已死後者繼進火器之利冠於泰西嘉慶時其王拏破侖弟一百戰無前威行西土後以弗戢自焚咸豐時與英吉利合兵來津門議約未成遂至開釁旋立和約同治中其王拏破侖弟三與普魯士搆釁血戰數年爲普所虜其時適天津居民有攻殺教人豐大業之獄 朝廷命諸大臣赴津議事法人方肆其要挾而國都已爲普人所覆乃草草成約而去法主既禽（同治十二年殁於英之雷塞思德爾）其大臣爸亞等復與普和乃改用彌利堅之俗不立君以首領統治國事同治

十年踢矮士（即爸亞）任首領十二年麥馬韓代之麥馬韓者拏破侖第三之大臣有惠政嘗與普戰兵敗不能死君亡不能救又從而代之而國人皆以爲賢近日拏破侖第三之子會夷拏破侖與法前主波旁之庶子尙伴爾皆謀復立國紛紛未能定也七八年前據安南海口屢戰屢勝已得六埠之地上年爲安南將劉永福所敗禽其大帥安將軍旋復求成於法蓋越南攴弱之國終非其敵也近日法人已駐兵順化（越南都城）扼富良江復營埔於暹羅矣普魯士東西二土共八部本日耳曼所分之國地小於法兵亦弱於法其君臣勵精自强遂能破

法蘭西割其愛勒塞斯洛脫七城之地一蔑士二地顛荷鋒三必茵四發勒剌坏克五士得喇士伯克六施來施埆德意志三特七新伯拉薩克普人毀施發二城存其五十六列國奉爲主雄視四方俄英土墺皆憚其強盛修好無間近國如荷蘭比利時遠國如波斯日本越南皆慕而納交焉歐羅巴自夏時有異人曰摩西創立十誡教人其後瑣羅門約翰遞有演述漢元壽二年耶穌生於羅馬既長遂傳天主教歷數百年有保羅者別立希臘教有路易者別立耶穌教三教鼎跱互相攻擊而皆宗天主今俄羅斯額里士行希臘教英吉利瑞典嗹威大尼荷蘭行耶穌教法蘭西墺斯瑪加意大里亞比利

時西班牙。葡萄牙。行天主教。惟天主教有教王。各國皆尊禮之。法蘭西尤甚。教主橫恣。嘗劫制各國君后。莫敢何。獨德國大臣畢士麻克惡之。盡奪教主之權。繩以官法。故教至德而窮。萬國公報云。教人猛如虎。貪如狼。德意知搏而縛之。翦其爪牙。彌尾帖耳。不復能肆凶殘。又云。教人久持太阿。德人奪其柄而擊之。批其頹而扼其喉矣。德之強盛。畢士之功爲多。語其相業。亦泰西之管夷吾也。畢士亦人傑也哉。同時意大里亞相蘭渣塞勒亦以力奪教主之權。致其君爲合衆國之主。有大勳。乃以籍教堂七十二所入官。爲教人所齮齕。竟引疾而去。

則畢士之得行其志亦視德主耋里特威廉之能任賢

弗貳耳意大里亞爲歐羅巴古一統之國漢書謂之大秦其後衰微嘗爲士壘法所併屢滅屢復嘉慶時維也納之會定其國爲九（大國四曰羅馬教主踞之曰多斯加納曰薩爾的尼亞曰拉布勒士小國五曰巴爾麻曰摩德那曰盧加曰摩納哥曰勝馬里虐）道光二十八年薩爾的尼亞王威克多耳依馬努嗣位能中興其國咸豐十一年遂爲合衆國復故號取羅馬都之結好四鄰稱強國焉雍正初教化王伯納弟多遣使來賀

登極自稱伊達里亞國其時教化王之勢甚强九國皆爲所屬也舊都羅馬義主既合九國之衆與教王同都

而居頗能收教王之權矣。墺地利亞盛時。曰耳曼意大里皆其藩屬。今則儕爲與國。嘗爲盟長。疆域三千餘里。亦大國也。瑪加本其坿庸。近合爲一國矣。土耳其本回部。崇瑪哈穆特之教。一作摩哈麥六朝時阿剌伯人回教之祖與泰西蘇趨。其土分東中西三土。東土五部。古巴庇倫。西里亞。即西女國一稱如德亞國猶大。諸名國故地。與中土買諾六部。皆在亞細亞域內。西土八部。都城所在。羅美里亞部都城曰君士但丁在黑海峽口與買諾隔海後漢書大秦傳言飛橋數百里可度北海是也黑海地中海由此峽相通俗無彝倫。政無綱紀。屢爲峨人所陵。英法普諸國相與維持匡助之。同治十三年。國君以荒淫被廢。其從子紐來嗣位。光緒二年紐來有心疾大臣立其弟哈米國人不服又以教事搆兵屠戮慘酷鄰國皆惡之勢岌岌矣瑞國處窮髮之北瑞典二十四部挪耳瓦（即哪嘁）十七部時分時合北負冰海貧瘠特甚丹馬國更小地形從日耳曼北出如人舒臂與瑞國南境遙相迫拒（作凹凸之形）國分五部有加的牙海峽爲波羅的海要隘希臘本古名邦今爲新造之國地分十部國小而治文物爲泰西之冠諸大國亦尊禮之（古希臘十二國今西土耳其全境新希臘則雅典一部古亞德納斯之南境也）西班牙三土四十九部國勢弱於法蘭西而地相若明時航海得南洋呂宋地遂成大國屢與各國搆兵康熙十七年曾

入貢道光中女主依撒伯爾拉立屬地多叛同治中所
屬古巴島復自立爲國大臣廢女主而迎立意大里亞
世子阿馬得牙在位二年其前王之從子登卡洛斯遥
奉依撒伯爾拉之子阿耳分所既而自立戰爭屢歲阿
馬不安於位遜歸意國人遂仿瑞士之俗爲民主之邦
編爲十七國呂宋古巴皆與焉依撒伯爾拉改嫁法王
子多勒多光緒元年國人迎立阿耳分所屬國復合而
登卡則儼然敵國矣葡萄牙小國處西海之濱附於西
班牙地分六部明隆慶時航海至廣東乞租香山濠境
隙地疆臣林富代請許之因立埔頭於澳門遂爲泰西

通市之始。其後營廣土於南亞墨利加。建巴西藩部。旋亦自立爲國。康熙五年。國王若望遣使臣麥德樂入貢方物四十餘種。九年。國王阿豐肅即亞方蘇第六入貢。十七年。表貢獅子。五十九年。使臣斐拉理入覲。召見於暢春園之九經三事殿。賜坐賜茶。雍正五年。貢方物。乾隆十七年。國王若瑟表貢自來火器等物。十年使臣巴哲格來朝。土御乾清宮見之。瑞士分二十二部。不立王侯。推鄉官理事。近交懽於德。力黜教黨。立爲合衆之國。國勢方興未艾也。荷蘭比利時本一國所分。東爲荷蘭十一部。西爲比利時九部亦時分時合順治十二年荷蘭入貢通市康熙二年定貿易二年一次三年助克廈門金門有功六年使臣卑獨攀阿閏入貢二十五年使臣賓先芝之巴入貢乾隆五十九年

特免貢使所帶出口貨稅同治十三年比利時使臣色而能仕入朝荷蘭澤國好勤遠略明時嘗踞臺灣屢犯閩浙鄭芝龍嘗焚其舟後臺灣爲鄭成功所得荷人受創甚鉅不敢報也南洋島嶼荷蘭佔據最多近與亞齊屢戰不勝卒與聯和諸島騷然漸有鞭長莫及之懼德國寖昌偪近肘腋荷勢且入爲屬國比利時西面附庸

尙無足重輕而南島夙爲荷埔者若隸於德則東道關鍵皆在其握英法所必爭也南洋諸島國呂宋在臺灣之南再南爲西里百島西里百之東北爲摩鹿加再東爲巴布亞大島西里百之北爲蘇祿再西南爲婆羅州唐婆婆登婆羅門明浡泥吉里地悶文萊等國由厦門趨七州洋過昆侖而南爲噶留巴梁毗騫唐闍婆元明爪哇等國再西爲蘇門荅臘大小亞齊在焉巴蘇爾島相望海口之峽曰巽他即舊港地爲歐羅巴西來要道蘇門荅臘之東北有長島爲新嘉坡麻喇甲稍西別一小島爲檳榔嶼明以前諸島國屢通朝貢與滇粵邊徼安南暹羅南掌緬甸諸國同列藩服迨歐羅

巴人航海遠來其始以重幣購片土為埔頭泊舟立市傳布其教盤踞既久徒黨日眾漸而擾其賦稅漸而劫其君長漸而奪其土地馴而致之不勞而定或遇有機會可乘則以大兵燹之飈馳電擊等於拉朽摧枯百餘年間烏夷剪滅略盡惟蘇祿以彈丸僅存於是葡萄牙踞香港（即濠境）西班牙踞呂宋荷蘭踞西里百摩鹿加婆羅洲噶留巴大亞齊諸島而巴布亞荒島亦釁而鬪之同治中法蘭西侵佔安南之嘉定省英吉利侵佔緬甸之朗谷設分埠而中國南徼處處與泰西交涉矣昔漢人謀通大秦屢為安息所遏桓帝時始得一通竟不能

再至明時歐羅巴人航大西洋海繞阿非利加之南過大浪山即岌樸一稱好望角東泛南洋諸島而趨澳門水程約七萬里道光中由直布羅陀海口東駛入地中海至埃及之蘇爾士登陸易火輪車至紅海復浮舟出亞丁入印度海泛南洋入巽他峽至新嘉坡經安南達香港計程可減其半同治季年法蘭西與埃及鑿蘇爾士開新河至亞勒散得由是三萬里海面一葦可杭光緒初英人購買此河遂專歸英轄由倫敦四十日可達津門則火輪之神速也南洋地近閩廣華人流寓目衆邇年呂宋亞齊之人逐西班牙荷蘭所置吏自立爲國由是南洋

島國駸有勝廣求六國後之勢。而歐羅東道。漸有戒心。競請中國。於新嘉坡金山等處設立領事。保衛華人。亦所以羈縻之防其揭竿而起也。近聞英人謀開鐵路。由印度以通雲南。殆有改趨西道之志。光緒元年。騰越外徼遂有土番攻殺英探路使者馬嘉理之事。參同時土耳其涉納利革亂民戕德法兩國使臣土國以銀四萬磅卹其家其事遂解又威支尼斯之獄英人爲古巴人擊斃者白人十黑人九西班牙卹之白人人給銀五百磅黑人三百磅而已

峨羅斯北鄙亞爾干。日爾部人長三尺。以犬爲馬。以鹿爲牛。古之僬僥氏也。南亞墨利加南服。有巴他峨拏部。一曰智加人長丈餘。古之鄋瞞氏也。以其不通中國。故不具論。

瀛海論上篇

十六

蒲圻但氏校刊

瀛海論中篇

今夫數千年未經見之事。數萬里不相知之人。一旦盤踞於腹心之地。往來於堂闥之間。此古今運會一大變局也。今士大夫談洋務者。大略數端曰。國體也。異教也。西學也。語言文字也。火輪車舟也。水陸兵法也。火器也。海防也。間嘗綜而論之。三代以後。中國莫强於漢。莫弱於宋。漢與單于爲兄弟。屢立盟約。中郎將王駿使匈奴班四條因收宣帝時所爲約束封函還此換約之見於漢書者持節之使。軺車四出。當時不以爲辱。而終能受單于之朝。盡文帝天地之量。武帝雷霆之威。先後濟美。至宣帝乃收其成功。此固非賈生痛哭流涕長太息者所能知也宋人日日尊中國爭獻爭納斷斷不已而國勢日卽於弱卒至求爲小朝廷而不可得就往事衡之而一切書生議論皆可息矣古者天子諸侯相見有拜手稽首之禮其辭曰伯父叔舅陪臣來聘王有燕享且以公卿往報之不聞有議其損威者境內之列侯且然況絕國之人與我本無君臣之分者乎耶穌天主之教傳入中國好事者指爲巫蠱厭魅及采生折割諸妖術又苦無實據萬口詆諆而無如之何蒙以爲此不足辨也西洋三教同出一源（耶穌爲洋教卽天主教路得爲西教卽耶穌教保羅爲希臘教）蓋墨氏之本旨而緣飾以桑門天方之

說煦煦爲仁孑孑爲義兼天下而愛之撽遂萬物以利之無君臣父子夫婦兄弟之倫而一以朋友之道處之博施尙同而昧於本末親疎之道耶穌以濂水寶血普救世人所謂摩頂放踵利天下者也火器殺人如草窮極兇殘而獲囚未殊者從而療治之宋襄公之仁義也雖然晚近士大夫重利輕義骨肉親戚之間一粟一帛較算必精稷耡德色箕帚誶語而偶有贏餘則好爲博施振窮之善舉往往醵數千百萬金之資以贍夙不相識之鰥寡孤獨而其親族故舊有不免於飢寒者厚所薄而薄所厚顯背聖經自蹈堯舜猶病之誚舉世方且

參然稱之以爲好善樂施是墨氏之教本自行於中國耶穌其小焉者也彼不過扁鵲華旉張陵寇謙之之流能以其藝爲人療疾如古之良醫巫耳教王在歐羅巴有大權如兩藏之有達賴班禪近其氣燄已漸殺既入中國其勢更微教堂之建不過如天方之有清眞寺及釋老之寺觀而已今天下各行省流寓之人各立會館祀其鄉之賢者歲時羣集酬酢有事則聚謀之泰西入去家數萬里而來與其本國之人立一廟以祀其本國之神爲歲時聚會之所此人情所宜有者西俗好以利陷人海濱罷民藉入教以誘其財者有之從不聞衣冠

士族靦然從其敎者此亦何關輕重而煩吾黨之辨論哉近年翻譯中國書籍漸通華文詩易四子諸經英法德瑞士各國兒童多能誦習不及百年吾敎當遠被於西土中庸言凡有血氣莫不尊親殆其時也今天下競談西學矣蒙以爲非西學也天文歷算本蓋天宣夜之術彼國談幾何者亦譯借根方爲東來法疇人子弟類能知之大戴禮曾子曰如誠天員而地方則是四角之不揜也注方員同積員者必不能揜方之四角今地周爲天所揜明地在天中天體員地體亦員也髀經云地旁沱四隤形如覆槃易乾坤鑿度云元氣隤委孕靈坤俚積土形不騫搠天極有地極成人極靈天

有大極地有大壃坤母運軸爐灰經云天元氣練十周爲正土塡圓塞化蒼頡云地日行一度風輪扶之書考靈曜云地恆動不止而人不知春秋元命苞云地右轉以迎天河圖括地象云地右動起於畢利瑪竇南懷仁輩所論地球渾員及天靜地動之說實根於此墨子云化徵易若鼃爲鶉（動物之化）五合水火土離然鑠金腐水離木（金石草木之化）同重體合類異二體不合不類此化學之祖也（以百物體質之輕重相較分別品類之同異西人淡氣輕氣養氣炭氣之說倣此）均髮均縣輕重而髮絕不均也均其絕也莫絕（卽西人金錢雞毛之喻）一少於二而多於五說在重非半弗斮倍二尺與尺去其一

此重學之祖也臨鑑立景二光夾一光足被下光故成景於上首被上光故成景於下鑒者近中則所鑒大景亦大遠中則所鑒小景亦小此光學之祖也亢倉子云蛻地之謂水蛻水之謂氣此汽學之祖也經言地載神氣神氣風霆風霆流形百物露生此電氣之祖也關尹子言石擊石生光雷電緣氣以生可以為之淮南子言黃埃青曾赤丹白礜元砥歷歲生澒其泉之埃上為雲陰陽相薄為雷激揚為電上者就下流水就通而合於海鍊土生木鍊木生火鍊火生雲鍊雲生水鍊水反土及夫頓牟掇芥磁石引鐵之說頓牟即琥珀泰西人初講電氣謂之琥珀氣又

謂地球乃一大磁石有自然電氣中國之言電氣者詳矣至於圜一中
同長方柱隅四讙圜規寫殳殳體八觚即方柱見股句股割圜之義
也殳股二字阮本皆作支古文通用重其前弦其軲法意規員三以上皆八線三
角之祖神機陰開剞劂無迹城守舟戰之具蛾傅羊坽之
篇機器兵法皆有淵源墨言理氣與管關莊列諸子互
相出入韓非子呂氏春秋諸書備言墨翟之技削鵲能
飛巧輗拙鳶班班可考泰西智士從而推衍其緒其精
理名言奇技淫巧本不能出中國載籍之外儒生於百
家之書歷代之事未能博考深思作見異物詫爲新奇
幾欲舍所學而從之亦可哂已西人言理莫精於氣土

水火之說即釋氏地水火風之旨而其源實出於周易四象蓋乾坤坎離先天四正之位以巽從乾以艮從坤以震從離在天為雷在地為火以兌從坎氣入土而生萬物草木金石五蟲皆地所生而稟氣於天此萬物之體也既生之後則草木金石五蟲各含水火之質此萬物之用也西人言器莫精於十字架蓋奇偶相交之形周之成規折之成矩牖之成角剖之成弧制器之用備矣先儒相承河圖洛書中宮五數皆作十字線特未闡其義耳惟其具天地之全體兼水火之大用故能藥治譎觚奇袤之有害於世者周官壺涿氏掌攻水蟲若欲殺其神則

以牡牿午貫象齒而沈之午貫者十字也漢書方術傳謂之禁架古之巫醫皆有是器耶穌殆得其遺法嘗操十字以行其術耳而湯若望龍華民輩乃詆爲受刑之具或又疑爲窺天之器則西人之陋已凡醫巫有神術者往往不得其死扁鵲華旉趙炳費長房之類是也耶穌爲人所殺殆亦由此但不必詆爲釘架之極刑耳周禮保氏教國子以禮樂射御書數爲六藝六經諸子論禮樂之微通於性命九章之奥窮極造化而樂與數尤相爲表裏漢人讖緯宋人性理皆由此生各就所見引而伸之遂成一代之學

仁廟欽定律歷三書推闡律數至精至詳王氏錫闡梅

氏文鼎、江氏永、戴氏震、諸儒、皆能探賾鉤深、發明理數、舉所謂西法者、悉融會而發明之、且有更精於西人者、今欲制機器、測量萬物、運用水火、誠不能不取資於三角八線、及化氣電火諸藝術、然名之爲西學、則儒者動以非類爲羞、知其本出於中國之學、則儒者當以不知爲恥、是在乎正其名而已、泰西文字本於佉盧、史記大宛傳、漢書西域傳、皆有畫革旁行之文、墨子經上篇云、讀此書旁行、此尤文體之大可據者、今其字各國不同、俄羅斯、波蘭、賴丁、哀斯脫希、白來、德意智、奧斯瑪加、義大利、法蘭西、各有文字、而大略相近、推英字爲宗、以二十六字母分攝諸音合數音而成字惟法字只二十四母亦猶國書蒙古書之體西語緜重有一言而累十餘字者其所稱名物與中國縣絕非通其語無由知其義也希臘爲文學之邦而其人罕至中國英法之書大抵實義居前而以虛字綴其後言之不雅馴非通其文亦無由讀其書也古蠻貊之隸掌與鳥獸言蓋天籟之自然中國以字隸音諧聲居六書之一外國以音隸字音變則字從之而變遼金元史策所載人名官名至　國朝而更易過半蓋年久音變以今音詁古語勢不能吻合非必古疏而今密也泰西入中國不三百年而譯音已屢參

差今宜但識其名物實義之淺近可據者以中國字母爲主就西字二十六母參合坍證之以反切之法適合音之未備俾粗通其字義言語不至爲寄象狄鞮所欺足矣原不必殫精竭慮以深造乎侏儒之文也火輪舟之制不過數十年乾隆六十年塞明頓創造嘉慶十年富拉頓造成火輪車更出其後嘉慶五年德微的創造道光七年斯提反箭父子造成懋遷輪轉坐致富強日本波斯皆慕而效之今峨人輪路自彼得羅堡峨都東北越多木斯科疴木斯科至恰克圖復規畫黑龍江伊犂等處英人輪路漸至印度緬甸達雲南西藏之外法人經營安南暹羅亦有開輪路達粵西之議近上海

吳淞口亦造輪路環中國四面皆將有金輪鐵軌焉論者多以爲憂蒙攷古有指南車飛車其制不傳火輪車本唐一行水激銅輪自轉之法加以火蒸氣運名曰汽車運載百物能縮跬步於千里絶迹飛行自是通商利器法人盛時嘗爲輪路以徧普及其衰也普人即由輪路伐之適自敝而已且鐵路平蕩稍偏頗立敗投卷石覆簣土即不良於行數年爲之而不足一夫毀之而有餘非杞憂之所亟也輪船機軸與汽車同引重致遠尤利多載中國設局仿造兼購外國之船用財逾千萬度支苦之泰西以商爲國本一切大政商賈皆得與左傳

陳懷公朝國人謀從吳楚。子產對韓起曰。先君與商人世有盟誓。蓋猶有春秋遺風。其電線火輪舟車本爲行賈而設。兵船火器。皆以保衛商人。故民樂爲之耕織煤鐵。皆取資於機器。富商大賈。競出財營造。甞易集而力易舉。爲其有利於已也。人情各謀其私。其謀乃精。陰符經曰。天之至私。用之至公。蓋合百姓之私。以成王者之公也。中國官與民勢分懸絕。氣扞格而不相通。仿造輪舟機器。皆官任之。而民無與。其事勞而難成。蓋未嘗與民同其利也。希臘人希羅初造烝汽機而未知其用明末法人高斯國初英人吳斯德侯始明用法康熙季年塞法利繼之其後牛國民始以烝汽轉輪瓦德補其未備而火輪機軸器具乃全以汽機代紡始埶阿克來以汽機代織始於德克來今烝汽火機通應百務徧行於泰西各國抑又聞之中國謀生之術如農夫紅女百工其爲道也甚迂而收利也甚薄先王之治天下使民終歲勤動而僅能温飽其身故曰民生在勤勤則不匱又曰民勞則思思則善心生所謂家給人足者誠欲其勤而得之非欲其佚而致之也今舉耕織煤鐵之事皆以機器代人力是率天下之民習爲驕惰而坐擁厚訾其有不日趨於淫侈者乎南畝之農夫北山之礦工及夫挽車操舟者流數千百萬之人畢生胼胝於其中一旦爲機器所攘奪失其謀生之業其有不相聚爲亂者乎泰西機器之行未及百年

而大亂屢見殆由此也大抵機器初興能頓致奇富行之既久物以多而價賤其利仍歸於薄近年泰西商賈日形消耗輪船電線之利皆遠不如通商初年之盛老於航海者皆能言之凡世間機巧便利之事斷未有能經久不敝者今如海濱各省商民嗜機器之利或糾訾仿造或與洋人合辦凡舟車耕織煤鐵諸務可一切聽民自便目前實能驟分洋人之利更歷百數十年仍當以利薄而廢民間農工商賈之趨向有莫之爲而爲者至於腹地各省與洋人夙不相習則亦何必開此向來未有之風氣狃一時弋獲之利而詒他日無窮之憂乎

瀛海論中篇 九 蒲圻但氏校刊

兵輪船水戰有方圓橫直諸陣奇正開合變化不窮其撞截抽擊諸法仍即握奇八陣而小變之錐船專以攻堅鐵甲船能拒火攻最稱時尚然大水雷亦能毀之且笨重遇撞易沈順治時鄭芝龍焚荷蘭夾板船其時尚無火輪道光時台灣官兵焚英吉利輪船其時尚無鐵甲近日英國鐵甲船兩次遇撞而沈一次爲海盜所毀德國船廠已於同治十三年停造鐵甲當更有新式踵出矣泰西練兵極精步伐止齊有山苞水流之勢儼然節制之師乍見幾詫爲不可敵然嘉慶二十一年窩爾德祿之戰法兵大潰英人追斬二萬級道光二十一年

興都哥士之戰，英兵大潰，峨人逐北數十里。同治九年師丹之戰，法兵大奔，德國俘虜萬餘人。是歐羅巴域中合戰，何嘗無狼奔狐竄、轍亂旗靡之事？其入中國，獨能整齊致死，其故有二：一則去國數萬里，言語不通，道里不識，潰敗即無可逃匿，人人有必死之心，故其氣直前不撓，韓信背水而陣，蓋亦迫之使然；一則中國本未與之鏖鬬，道咸時一再失歡，然或交綏而旋解，或閧礮而引卻，非真有伏尸百萬、流血千里之事也。惟其人堅韌耐勞苦，心志專一，王子貴人與士卒同甘苦。英主之子丁保羅波爾（一曰恩）爲俄主之壻，其貴盛可知，乃初充測蘭地船水手繼擢蘇爾坦船船主近始擢副提督蓋必能極水手之長乃得爲船主能盡水軍之技乃得爲兵頭三軍之中無倖進者故上下一心可同生死軍律之精嚴自非內地土寇及回苗諸番可比苟非有百鍊之兵斷不可輕爲嘗試耳自古治兵首重嚴整書牧誓詩常武周禮大司馬及管子孫子所言綦詳泰西練兵適與古合但當自責以今人之不如古人正不必郤諉於中國之不如外國也管子爲兵之數存乎聚財存乎論功存乎制器存乎選士存乎政教存乎服習存乎偏知天下存乎機數兵未出境而無敵者八泰西用兵實能備此八者若僅師其聚財制器服習機數四端猶未能窺夷吾之全也至於火器雄猛愈出愈奇後門新式靈

捷異常。似天下無可守之城矣。然孛普魯士攻把的加雷城。登卡洛斯攻比爾波亞城。用克鹿卜大礮。一曰克虜伯經年不下。甚至西班牙攻登卡土堡。亦不能克。同治中粵匪據金陵。安慶。九江。諸城。官軍用洋礮攻之。亦迄無成功。其後金陵之克。仍用中國穴攻之法拔之。惟時洋將戈登。華爾輩皆在軍中。未嘗不歎我軍之驍武也。從前失和。彼嘗陷我甯波。廣州。天津。等城。亦非關巨礮轟擊者。按泰西人紀載云。火礮創於中國。元末日耳曼人蘇爾的斯。始仿爲之。其後元駙馬帖木兒威行西域。歐羅巴人有投麾下者。攜火器歸。講求練習。盡得其妙。又變法爲烏槍明時佛狼機（即法蘭西）至粵東烏槍遂傳入中國是火礮本由中而西也史稱元以紅衣火礮攻金蔡州則蒙古亦先有火器彼師我法而能精之遂高出我之上亦我之恥也（今各國著名之槍英用馬踢呢亨利德用茅塞俄用彼耳打奴美用林明敦法用勒格拉瑞士用法德利又有水雷魚雷以電氣磨之於水中發火防海利器中國皆能仿造大礮德用克虜伯英用烏里治亦皆購而得之）沿海起廣東迄東三省袤延萬里廣州廈門甯波上海鎮江燕台天津牛莊及內地九江漢口洋人皆有埔頭租地搆樓屋積貨財婦子聚居已二十餘年輜重既多當不敢輕於發難各國在西土本多猜嫉之情其入中國互有牽制之勢當不能聽一國獨

有所逞上年日本攻台灣生番英公使力爲居間亦慮其擾亂埔市也又彼越海遠來志在牟利非有覬覦土地人民之心繇此三者言之則海防非所亟也然彼之圖南洋羣島圖印度諸國其初皆租片土立埔市日積月累而卒遂其囊括席捲之謀英人專有印度而法嚏葡之埔自若也荷人專有葛留巴而英埔自若也西班牙專有馬呢剌呂宋太埔而法埔自若也印度如商德爾法埔痾襪葡埔西林不爾丹埔諸埔不下二十餘處當英人大舉攻孟加臘時不聞法丹諸國起而救之也英人經營澳大里亞荷人經營巴布亞皆越海數萬里不憚荒穢而墾治之會謂數千年文明富庶

之中華獨不足以動其豔羨殆未必然矣惟彼國善於用兵而慎於言戰我無瑕釁可乘亦斷無輕舉妄動之理古人言戰勝於朝廷折衝於樽俎非謂盡弛邊防也惟我政事修明紀綱整飭潰池無盜弄之變遠邦自無窺伺之心若處處設防兵日日修守備則晉士蔿之無戎而城明太祖之沿海置戍民情俶擾而不安財用浩繁而難給得毋爲遠人所竊笑乎

國朝重熙累洽二百餘年闓澤入人者深道咸之際文武百執事之臣安嬉泄沓馴致瀛海揚波迨剷平粤捻苗回諸逆以後武備聿修大儒骨鯁白首耆艾魁壘之

士在列中興大業治具畢張然且宵旰憂勤綢繆未雨蓋安不忘危之義云爾書生足不出里閈每好談議天下事而於中外地形國勢蓋茫然也爰就圖籍所載及聞諸泰西人所述者譜錄而論次之著於篇至於富國强兵之術安內攘外之謀此非草野所當言者故不具論

瀛海論中篇　十二

蒲圻但氏校刊

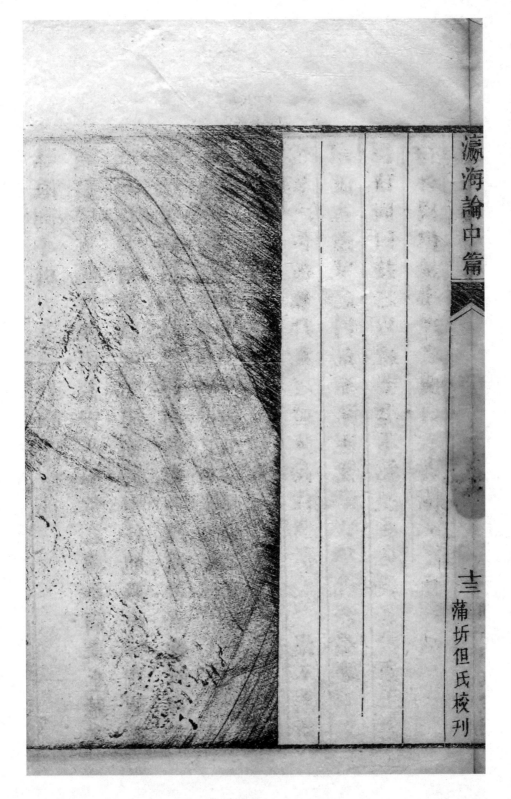

瀛海論下篇

客難曰八紘讋慄胥受憲於明堂九譯睢盱詎抗棱於華夏姦人旣導以倨驁志士發憤於倒縣堂堂中國顧無喋喋佔佔乎曰通商條約載外國使臣入覲拜
大皇帝同治中三次遣使出洋見其國主進退三鞠躬而已蓋入境問俗禮從其宜我有拜跪之禮故彼來則從我之俗彼無拜跪之禮故我往則從彼之俗本無所謂詘也蕭望之曰荒服來服無常宜待以客禮讓而不臣班固曰接之以禮羈縻不絕使曲在彼蓋古帝王之待外國但論事理之曲直不責儀文之隆殺也

國初通書日本通使俄羅斯皆不列其國於朝貢之班殆深得讓而不臣之義釋羅刹之俘受土扈之坿殆深得使曲在彼之義可爲萬世法已

客又難曰孿鞮久者金繒葉護賓勞粟絹千蘭出物啟駔儈無厭之求流離糴庭奪閭閻有恒之業關市之通殆尾閭之漏也曰前代邦交有所謂歲幣者今無是也自通商以來海關之稅日增漸至千數百萬兩有裨於度支者非淺鮮矣夫豈漢宋所可擬乎至於市舶之來中國絲茶藥餌所貨懋遷之盛亦前代所罕聞但見其益未見其損惟印度以鸎粟蠹我即外國亦羣斥其非

矣說者謂阿芙蓉之毒能使勤者惰强者弱厚者醨廉者貪馴而致之將使中國强毅果敢之氣日漸消磨而俯首帖耳聽命於人南洋印度之遭吞噬皆先以此餌之故不勞而得漏卮之說其小焉者也卽以漏卮言之今鴉片歲漏千萬金出洋而商民未覺其困者以絲茶所貨足以相當耳近年日本印度南洋羣島皆務植茶及蠶桑之利西國本有蠶桑而不能如華絲之精近則東南洋漸能講求矣光緒元年意大利於昔昔里島植茶數十年後外洋絲茶足以自給中國將有坐困之勢此漏卮之所以不得不塞也誠宜明著爲令凡耆煙者不得登仕版列士籍隸軍伍責

成各部院督撫學政提鎮嚴察所屬誠使朝無耆煙之官學無耆煙之士軍無耆煙之兵其餘農工商賈則姑置之不動聲色而其風可自息此其權操之在我而不必期之於人者也內地自植罌粟或謂姑藉以敵洋產究竟種砒酖以代菽粟如之何其可也

容又難曰言語不通則情志難孚也耆欲不同則趣向莫測也華夷交錯草野致駴於雕題主客相猜蘭闍何悅乎彈指訶陵毒涎之可畏羅刹揜面而懷慚理有固然勢惡容已曰綏遠之道先求所以安之彼去國遠來誠欲世世昌樂永保其利斷無陵我之心乃或者無端

而縱恣之使日長其驕奢又或者無端而鄙夷之使日即於疑忌則處之者未能得其平也漢文帝與單于書曰天不頗覆地不偏載使兩國之民若一家子元元萬民下及魚鼈上及飛鳥跂行喙息蠉動之類莫不就安利避危殆故來者不止天之道也古之帝王約分明而不食言於戲此文帝之所以爲文也與嘗讀

高宗諭刑部讞英商喻獄諭旨伏見

聖心公平毫髮必當而燭微見遠若豫知百年後之有洋務者詩曰惟此聖人瞻言百里可不敬讀而深思乎

乾隆四十一年十一月二十四日奉

上諭刑部奏駁李質穎咨稱革監倪宏文賒欠英吉利國夷商嗡等貨銀萬餘兩無還問擬杖責未協議將倪宏文改擬杖流監追一案已依議行並明降諭旨將李侍堯申飭李質穎交部察議令將倪宏文查產變抵仍勒限一年監追再照部議發遣如該犯限滿不完即令該省督撫司道及承辦此案之府州縣官於養廉內照數攤出并傳朕旨賞給該夷商收領歸國以示體恤矣此等夷商估舶冒越重洋本因覓利而至自應與之公平交易使其捆載而歸方得中華大體若遇內地奸民設局賒騙致令貨本兩虧尤當如法訊究乃李質穎僅

將該犯擬以薄懲而欠項則聽其自行清結所謂有斷無追竟令外洋孤客負屈無伸豈封疆大臣懲惡綏遠之道幸而刑部奏駁朕始得知其詳爲之更正若部臣亦依樣葫蘆照覆其錯謬尚可問乎中國撫馭遠人全在秉公持正令其感而生畏方合政經若平時視之如草芥任聽地棍欺陵而有事鳴官又復袒護民人不爲清理彼既不能赴京控訴徒令蓄怨於心歸而傳語島夷豈不輕視督撫鄙而笑之且或慮粤商奸惡至呼籲仍復成空將來皆裹足不前洋船稀至又復成何事體且朕此番處置非祇爲此事蓋有深慮漢唐宋明之末

季多昧於柔遠之經當其弱而不振則忽而虐侮之及其強而有事則又畏懼而調停之姑息因循卒致釀成大釁而不可救宋之敗明之亡皆坐此病更不可不引爲殷鑒也方今國家全盛諸屬國震懾威棱自不敢稍生異志然思患預防不可不早杜其漸英吉利夷商一事該督撫以爲錢債細故輕心掉之而不知其關係甚大所謂涓涓不息將成江河者也朕統御中外一視同仁如內扎薩克諸藩恭順誠服其輩行本小朕皆撫若兒孫每至必歡欣踴躍與舊滿洲蒙古之執役無異而新附之準夷回部年班來者朕亦必聯之以情待之以

禮厚其餼賚而遣之。眾亦莫不懷德戴恩。幾與內扎薩克相等。皆內外臣工所共知者。即如伊犂與哈薩克易馬一節。辦理亦須妥善。或哈薩克所驅至者本不皆善馬。原不妨如法擇而取之。若既是可用之馬。即當按其所值。與之市易。始能經久無弊。設或所給緞疋輕薄暗減其價。致所得不償所售。哈薩克貿易已非一日。皆能悉其底裏。口即不言。而心豈能允服。即違立法通市之本意。其流弊且無所底止。朕每以此廑懷。該伊犂將軍不可不實力妥辦。以裕永遠之規。若聽其日趨日下而不知返。朕一有所聞。惟該將軍是問。恐不能任其咎也。

又如朝鮮安南琉球日本南掌及東洋西洋諸國凡沿邊沿海等省分夷商貿易之事皆所常有各該將軍督撫等並當體朕此意實心籌辦遇有交涉詞訟之事斷不可徇民人以抑外夷即苗疆番境諸省亦當推廣此意妥行若仍視爲具文再有此等事件一經發覺或經朕訪聞及爲言官糾劾必將該將軍督撫重治其罪不能似此案之僅予議處也將軍督撫皆朕委任之人惟當善體朕意毋怠毋違自可寓久安長治之計即我世世子孫敬體朕訓守而勿失億萬年無疆之慶詎不在是耶此旨著傳諭各將軍督撫一體遵錄並著入於交

代令各後任永遠遵行勿稍玩忽並另錄一分交上書房俾皆恪循罔懈欽此

客又難曰孔攻異端孟距邪說二氏既興闢者尤力傳韓程朱兢兢遺則彼教橫流匪辯惡乎息曰摩西十誡本非犁軒善敎之倫演而為耶穌為保羅為路得亦自成其為外國之教而已史記太公作八神將一曰天主祠天齊元狩二年收休屠祭天金人如淳曰祭天為主是天主之名起於中國流入匈奴又輾轉而至西域殆耶穌所託始也明季士大夫喜言西學好與海客遊而恥稱其教迨 國初乃有李祖白蘇爾金之事楊光先

憤激昌言遂抵祖白於法厥功偉矣今之傳教者既無利瑪竇湯若望之譎才而從教者亦無庫爾陳袁安臣之富貴本無所庸其辨也夫楊墨亂道禍中於師儒佛老妨政權達乎君相數百年後猶有尼翟竝稱者有戎服聽講者有捨身持齋者辭而闢之宜也今之教堂果能惑吾卿相師儒乎彼擾擾者皆亡籍之游民耳嘗敬讀

世宗佛日諭旨而知同異之辨矣雍正五年四月八日

諭內閣九卿等曰今日爲佛誕之期恰遇西洋國使臣

上表稱賀兩事適然相值故於在廷諸臣奏事之暇偶

將朕意宣諭爾等知之向來僧道家極口詆毀西洋教而西洋人又極詆佛老之非彼此互相訕謗指爲異端此等識見皆以同乎已者爲正道而以異乎已者爲異端非聖人之所謂異端也孔子曰攻乎異端斯害也已孔子豈以異乎已者概斥之爲異端乎凡中國外國所設之教用之不以其正而爲世道人心之害者皆異端也如西洋人崇尚天主夫天以陰陽五行化生萬物故曰萬物本乎天此卽主宰也自古以來有不知敬天之人乎有不敬天之教乎如西洋教之敬天有何異乎若云天轉世化人身以救度世人似此荒誕之詞乃借天

之名蠱惑狂愚牽從其教耳此則西洋之異端也朕意西洋立教之初其人爲本國所敬信或者尊之如天儻謂立教之人居然自稱爲天主此理之所無者也釋氏原以清淨無爲爲本以明心見性爲功所以自修自全之道莫善於此若云必昧君臣之義忘父子之親棄置倫常同歸寂滅更有妄談禍福煽惑凡庸藉口空門潛藏奸宄此佛教中之異端也儒者守先王之道讀聖賢之書凡厥庶民奉爲坊表儻或以詩書爲弋取功名之具覘科目爲廣通聲氣之途又或逞其流言邪說以動人之聽聞工爲豔詞淫曲以蕩人之心志此則儒中之

異端也。卽如巫醫二者。雖聖人之所不棄。然亦近於異端。而巫以祀神祇。醫以療疾病。皆不得不用者。至村巫誘人爲非。庸醫傷人之命。此卽巫醫中之異端也。安可因其異端有害於人而不用藥乎。不獨此也。卽一器一物。皆以備用。乃位置不得其宜。或破損失其本體。便成異端矣。子疾病。子路請禱。子曰某之禱久矣。蓋子路之禱異端也。夫子之禱正道也。同一事而其中之是非邪正分焉。是者正者卽爲正道。非者邪者卽爲異端。故所論只在是非邪正之間。而不在人己異同之迹也。凡天下中外設教之意。未有不以忠君孝親獎善懲惡戒淫戒殺明己性端人品爲本務者其初創設之人自然非尋常凡夫俗子必有可取方能令人久久奉行也至末學後人敷衍支離而生種種無理悖謬之說遂成異端矣與其教有何涉乎中國有中國之教西洋有西洋之教彼西洋之教不必行於中國亦如中國之教豈能行於西洋如蘇努之子烏爾陳等愚昧不法之輩背祖宗違朝廷甘蹈刑戮而不恤豈不怪乎西洋天主化身之說尤爲誕幻天主既司令於冥冥之中又何必託體於人世若云奉天主之教者即爲天主後身則服堯之服誦堯之言者皆堯之後身乎此則悖理謬妄之甚者也

西洋人精於歷法國家用之且其國王慕義抒誠虔修職貢數十年來海洋甯謐其善亦不可泯蒙古之人尊信佛教惟言是從故欲約束蒙古則喇嘛之教亦不輕棄而不知者輒妄生疑議乃淺近狹小之見也總之天下之人存心不公見理不明每以同乎己者爲是以異乎己者爲非遂致互相譏誹幾同讐敵不知人之品類不齊習尚亦不一不能强之使異亦不能强之使同且各有所長各有所短惟存其長而棄其短知其短而不昧其所長則彼此可以相安人人得遂其用方得聖帝賢王明通公溥之道而成太和之宇宙矣

客又難曰、派分玫瑰、開彼國之殺機、香浥芙蓉、盜吾民之生氣、憤昇眞於亭午、溓水騰紅、慘歎霧於良辰、魔煙閃碧、狂氛四煽、百物亡精、而悲匹士一呼、萬姓裂眥、而覩怨毒之於人甚矣、夫豈法制所能禁、口舌所能解乎、曰、我朝自順治中、許荷蘭通商、海國源源而來、洋舶輻輳粵東垂二百年、其時初無兵船領事之保護、從不聞有華民仇視洋人之事、卽今日高麗安南等國來者、士大夫相與款洽、情好無閒、惟其無相猜之跡、故有相愛之情耳、推原中西失驩、本不越煙教二端、康雍時講求天文算法、倣鑄火器、命南懷仁製洋礮、未嘗不師其所長、洋使來京．
召見．賜坐．賜食．藝術之士．得與
燕居侍從之班．且時從 皇子諸王遊．遇有訟獄．讞斷
尤極矜慎．其於柔遠至矣．獨烟教二事．禁之綦嚴．許洋
人建天主堂．惟禁華人入教．雖寵任如湯若望．南懷仁
輩．不少寬假．蘇爾金之罪．明降
諭旨．陳瑪祿之誅．載在會典．雍正以後．禁鴉片尤重．惟
其處置得事理之平．斯中外相安耳．夫販煙傳教．惟英
法有之．他國所無也．英法徒恃其兵船火器．挾持地方
官．思以壓制華民．而不知民氣之不可過抑也．愈激則

愈烈矣使中國之人於洋人聞聲相惡兒童婦女皆有切齒之心在英法實有自取之道焉而華人不能辨別外國之種類遂舉泰西各國一例視之近年每遇英法兩國一有責言致沿海各口二十餘國之商民皆皇皇然憂禍變之不可測是不惟中國之殷憂抑亦泰西友邦通商全局之大害也英國設立普仁會所以厚民之生也鴉片固美酖耳仁者忍爲之乎印度頻年大祲英人傾國以賑之料口計食常虞不給正惟沃壤皆值罌粟耳倘能改樹五穀何至擁五千里之地一百五十三部之眾而嗷嗷仰食於人乎是鴉片者又英國之大蠹

也同治時普法戰事教人實肇其端拏破崙爲教所誤國破身俘爲天下笑墨相安得拉議法人甘爲教奴西班牙論法人視與國如仇讐力庇天主教居天下之惡名受其實禍美國論法國三次大亂死亡數百萬人皆由於教是洋教者又法國之蟊賊也西洋自禁民者煙東洋南洋亦有禁者英人不相强也基發大臣烏墨拉以鴉片殞年各國皆舉以爲戒英不能徧行其烟於萬國而獨加諸中國可乎泰西三教截然不同法之神甫不能行天主教於英俄猶之英之牧師俄之教長不能傳耶穌希臘之教於法也印度拒額力士教入境德國

逐耶穌會男女三萬人葡萄牙籍教徒六千人財產入官西班牙以山外教人助登卡爲亂籍教黨五萬五千人之家義大利封天主教堂七十二所錄其產羅馬王遣教員駐瑞士國人毆而遠之法人無如何也法不能徧行其教於萬國而獨施之中國可乎各國洋商供億教堂之費歲至數百萬金因行烟傳教之故中外相猜各國皆駐兵船自衞費且千萬於外國庸有利乎且夫畢士麻克泰西之名相也功業震耀瀛寰實創禁教之令而荷交羅式令非斯贊之英相格蘭斯頓亦著書力詆天主教理各雅泰西之名儒也嘗來中國謁孔林而歸主阿斯福書院

講席廣譯五經四子之書教授其國人尤諄諄以販烟傳教爲非義秉彝之懿好中外有同情矣原英法之本意販烟以牟利也乃自烟稅列於條約而懋遷之局日衰傳教以和衆也乃自教堂徧於寰區而仇殺之案日棘官師雖强顔爲周旋士民益搏膺而憤嫉且波及於不行烟不傳教之各國是亦不可以已乎誠欲中西之長久相安惟有集萬國公議之勸英不販烟法不傳教至於愛護洋商保固互市之責則中國自任之恪遵我
祖宗成憲厚待遠人曲爲體貼多方保衛使有賓至如歸之樂其機器軍械輪舟及開采煤鐵凡可以致富强

者皆中外合力爲之推至誠以相與示以廓然大公中國之士氣既平友邦之交情自洽各口洋商立罷教堂之費固已不貲若能漸減駐華兵船更可節無窮之縻費從此萬國和同天下一家矣洋人於權稅鍊兵造船製器開礦譯書諸務皆傾心相與無所隱祕康熙初荷蘭助平厦門同治初英法助平粵逆即中外偶有違言輒有居間排解者斯巴爾克輪船被劫於珠江英商門地請索償於中國外部德爾祕力斥之中西友誼非不篤也乃以烟教扞格又時以兵力相恫喝遂至猜憤之隙日積而愈深亦可慨也我

世宗敕教化王曰・使臣遠來・朕已加禮優待・至於西洋庽居中國之人・朕以萬物一體爲懷・時教其謹飭安靜・果能慎守法度・行止無愆・朕自推恩撫卹・茲以使臣歸國・特頒斯敕・可以見聖人幬載之量・駕馭之權・焉蓋其時待遠人者至優極渥・其凜然不可踰者・販烟與傳教而已・

客・又難曰・約從者陰符之精・伐交者上兵之智・故康居內坿・遂斬郅支之頭・大宛既通・終斷匈奴之臂・誘敵縱間・軍之善謀也・今論弗之及・殆疏於計矣・曰・爲國之道・盡其在我者而已・我能自强・何必假人以爲强・我能自

信。何必誘人以不信。彼夫呼虎毆狼。教猱升木者。君子弗尚也。昔暹羅請助攻緬甸。
高宗卻之。廓爾喀請助攻里底。
宣宗卻之。先聖後聖。其揆一也。
客又難曰。聖羞桓文。賢稱堯舜。陳善責難。古有明訓。是以保衡撻市。纘新服於嗣王。伯相詰兵。承高祖之寡命。立言之體也。曰漢人有言。卑之無甚高論。爲其可見之施行也。今夫觀塗山之耿光。揚坂泉之大烈。必使豫牙白雉。陳於明堂。酋耳青熊。繫於魏闕。陳義何嘗不高。無如其空言之無裨於用也。嘗敬讀世祖御論曰凡爲臣者宜崇實效不宜務虛名務名者其行必驕其意必浮苟取一時之聲稱而其言與事之當否弗顧也推原厥心以爲吾發之於言舉之於事但可以見吾志成吾名足矣至於必可見之施行必可垂之永久者則皆貽之君上而彼不與夫使人人盡懷好名之心則國家之實事又將誰倚爲戚爲休不相關切如秦人視越人之肥瘠漠然無所動其心豈非不忠之大者哉於戲有言責者盡亦知所則傚矣

客又難曰本富爲上力田者羞言貨殖之書大智若愚忘機者恥用桔槹之巧故夫商通難得之貨工作亡用

之器皆末俗之媮也曰考工記國有六職工商且與王公士大夫並列三代以上能制器利用者子孫世守其官或以為氏垂兌和殳戕伯與商高子貢白圭公輸子皆見稱於聖賢工商之事古人未嘗諱也後世士大夫高自位置議論斐然而於國計民生漫無實濟投以艱大則蒼黃倥傯罔知所措矣關尹子曰善今者可以行古善末者可以立本誠能藉工藝之巧以立富彊之基則善末之說也知當務之急以息盈廷之囂則善今之說也

客又難曰月氏夫人實肇女王之業張騫傳月氏王為胡所殺立其夫人

（爲王拔夏后不降時巴庇倫主尼奴卒其妻須彌拉斯彌嗣立是爲女主之始）大秦賢者、允開
合衆之先、（西域傳大秦國置三十六將會議國事王無常人簡立賢者拔西周時希臘人奉其國之
天神入必德爾爲君公舉賢者爲阿爾于以治國事三年一更今彌利堅法蘭西皆同此俗所謂民主之國也）
奄祭存阿蘭之名、（今英吉利大島曰阿爾蘭）金錢鑄名王之面、貴女
重殺風尚依然、深目多頾、儀容儼若、及夫葡萄汗血之
耆善賈爭銖之情、三千年來未嘗改也、論西海者何事
旁求耶、曰善哉言乎、自來傳西域者、莫詳於班范之書、
而談邊務者、亦莫精於孟堅之說也、抑宋鄧肅之言曰、
外夷之巧、在文書簡、簡故速、中國之患、在文書煩、煩故
遲、祖宗時法嚴而令速、事簡而官清、未嘗旁搜曲引以

稽賞罰自後議者今日獻一策明日獻一言煩冗瑣碎惟恐不詳此文書所以益煩而政事所以益緩也故夫治洋務者多言不如少言少言不如不言容默然而退

光緒二年丙子十月羅江荷笠者自識於潔園無知知齋

君家博望侯東勤九夷開定畿寓遷碑謂其廣通風俗
班書稱其鑿空夫既曰廣通則必有以權時勢申利害
使其返舊習從新論也曰鑿空則必於班書外國由是
信之不致厭漢使也自海國召釁數十年之久人人知
其難圖而不知事機所在此書上篇簡而該中篇博而
辯下篇與九譯口講指畫直帖耳而俛首矣何難試行
其說以扶千秋正氣耶吾既愛其文之淵雅浩瀚尤服
其稽覈之時指實之地恐日日從事者尚未能了然心
口近人爲古文者盛矣求其廣通而有實效者此文殆
亦同光間第一篇鑿空文字也息柯居士翰識

此文爲今日救時至論批郤導窾斯無頓挫自來奇勳偉績可駭可愕之事其實不外如此下篇停教禁煙之議極得迎刃而解之勢所謂知己知彼百戰百勝也至於文筆橫肆徵引淵博攷證精詳故是作者本色修江陳寶箴識

上下五千年縱橫九萬里言皆有本語必透宗允推經世鴻文陳同甫云開拓萬古之心胸推倒一時之智勇二語可以移贈

唐虞三代時中國幅員最小其後以次展拓蓋天地自然之氣運也向惟列子言大瀛海佛經言四大部洲至

明季西法入中土。乃盡發其祕。身履其區。其所繪輿圖。皆上系天度。計里開方。而地球全體在掌握中矣。文縮萬國於尺幅中。可謂簡而能賅。堯舜孔孟之道。無所不包。凡外人所矜爲獨得之祕。均不能出古聖人範圍。特中土人不能如彼族之專壹耳。文所徵引。皆本經子古書。塙有證据。非故作大言以自張者。比論者謂耶穌等教。恐其變易我中國之人心。不知堯舜孔子之席。斷非人所能奪。其實偪處此者。正彼將爲堯舜孔孟之聖教所化之機。此亦天地自然之運會也。觀其譯書籍。漸通華文可見矣。百年以後。必以斯言爲不謬。

天下惟拙可以勝巧。惟樸可以勝華。惟堅厚可以勝柔脆。交論機器不能經久之弊。極中要害。可爲絶頂識議。而今之談海防者。專以機器礮船爲務。天下豈有學其人而能制其人者乎。語云。上策莫如自治。盍亦反其本矣。次青李元度識

原原本本。淵博精透。其要旨則在正名一語。而俾自責今人之不如古人。不必諉中國之不如外國。腐儒無所用其矜。衆人無所用其驕矣。其論海防一節。看似無下手功夫。然惟其窺破窾要。正可不逞浮談。修明刑政整

飭綱紀此自强之本亦此論之歸宿儒生處千百載後利害無與於已任情恣意攻擊前人極其量不過無當而止身當其時則天下之安危確有關係奈何而可哆口自便朱子上書幾使君父無容身地更何論趙鼎諸人所見悠悠今古總坐不攷求事理不端度事勢願亟刻此篇徧傳瀛海內外未必果發下士之蒙亦使遐方知中國之尚有人也摯存郭嵩燾跋

瀛涯勝覽跋

三

蒲圻但氏校刊